正義に生きた台湾人検察官

二・二八虐殺事件と王育霖

王克雄［編著］
駒田英［訳］

日本語版によせて

王克雄

本書は台湾で刊行した『期待明天的人―二二八消失的検察官王育霖（明日を期する者―二二八事件消えた検察官王育霖）』の日本語版です。私は王育霖検察官の長男で、本書の第一部「台湾司法改革の先駆者」の筆者であり、中国語版原書の編者でもあります。原書は多くの方から高い評価をいただき、また多数の読者からの反響がありました。

本書の冒頭には、原書刊行当時の台南市長であり、現在の台湾総統である頼清徳医師、財団法人「二二八事件紀念基金会」董事長の薛化元教授、そして、全国弁護士公会「二二八司法公義金管理委員会」主任委員の李勝雄弁護士から序文を寄稿いただき、力強い推薦の辞を賜りました。

原題の「期待明天的人（明日を期する者）」は、父、王育霖が日本語で記した随筆に由来しています（一九〇ページ参照）。随筆は、青年期に肺結核を患い、休学を余儀なくされ、快癒するかどうかもわからず、留年して周囲から笑われるかと思うと気持ちは落ち込むばかりだった失意のなかから希望を見出す、当時の自身の心境変化を活き活きと表現し、感動的で読む者を励ます一篇です。

王育霖は日本統治時代の台湾人です。東京帝国大学法学部法律学科を卒業し、在学中に高等文官試験司法科に合格、卒業後は京都地方裁判所検事局で勤務し、日本において初の台湾人検察官への第一歩を踏み出すこととなりました。終戦後、台湾に戻った育霖は、新竹地方法院の検察処に赴任しました。そして、育霖は新竹市長郭紹宗の汚職事件を捜査しました。大陸出身の郭紹宗は陸軍少将を兼任しており、捜査を妨害し、上級庁である台北の高等法院は育霖に捜査から手を引くよう指示しました。しかし、育霖は職を失うことを恐れず〝貪官汚吏《たんかんおり》〟を摘発しようとしたのです。その結果、育霖は辞職に追い込まれることとなりました。

退官した王育霖は台北で新聞『民報』の法律顧問となり、社説や司法に関する論説も執筆しました。育霖の論説には「何謂法治國？（法治国とは何か？）」（二〇四ページ参照）、「法律是打不死的（法律は打ち負かされることはない）」（二〇七ページ参照）、「報紙負責人的法律責任（新聞社責任者の法律責任）」（二〇九ページ参照）などがあります。

また、育霖は法曹界の人々に台湾全島レベルの会議招集を呼びかけ、公平・公明に欠ける台湾司法の問題について提起しました。育霖は「台北市人民自由保障委員会」に参加したほか、『提審法解説

書斎でくつろぐ王育霖（東京帝大在学当時、1942 年 5 月 10 日撮影）

（提審法の手続き）』を著し、人々が擁すべき法律上の保障および人権保護を求めました。育霖は台湾の司法の正義のために、勇敢に声を上げたのです。

妻、陳仙槎の二番目の兄、陳温而は台湾司法の状況に憤る育霖に対し、「そんなに衝動的になるな、日本人の時代と中国人の時代では異なる。日本人は事の是非を論じることができるが、中国人は道理をわきまえない」と諭《さと》しました。しかし、育霖は「仮に私が言わなかったら、誰が言うのですか」と聞き返しました。

王育霖は、権威主義による統治を行なう中国国民党の逆鱗に触れました。もしかすると、このことが理由で、国民党の特務機関と軍は二・二八事件に乗じて、あらぬ嫌疑で育霖を逮捕し、なんの罪もないのに、銃殺、遺体を隠蔽したのかもしれません。

後年、李登輝総統は「王検察官は公正な人柄で、正義を守り、汚職や法律違反を厳しく追及した。特権を恐れず勇敢に戦った彼の姿勢を評価する。しかし、不幸にも犠牲になってしまった」と、その業績を称えました。王育霖は利による誘いに乗らず、権力を恐れず、法律を堅持し、正義を守った、間違いなく尊敬される「公正無私の検察官」だったのです。

王育霖が非業の死を遂げた一方で、育霖の妻、王陳仙槎の苦しみは長年に及びました。夫、育霖は一九四七年三月一四日に逮捕され、二度と戻ってくることはありませんでした。仙槎は人も土地も馴染みが薄い台北で、三か月の乳児だった弟、克紹を背負い、二歳九か月の筆者の手を引きながら、死体が見つかったと聞きつけばすぐに駆けつけ、腐乱した遺体のなかから夫を探し出そうとしていたのです。こうした凄惨な光景を想像するだけで、胸が締め付けられ耐えられません。

さらに仙槎は台南の育霖の実家に戻ると、その大家族のなかで虐げられ、多くの苦しみを味わいました。一人の未亡人にとって、生き続ける原動力は子供でした。

母は張七郎医師と、医師であった二人の息子が国民党によって殺害されたことを知りました。そして毎日、国民党が息子二人を殺しに来るのではないかと、心中びくびくしていました。母はしばしば亡霊が子供をさらっていく夢をみて、子供たちを固く抱いたまま眠ろうとしませんでした。なぜなら、眠ってしまうと再び亡霊の夢を見るからです。

その後、育霖の弟、王育徳は日本に亡命し、台湾独立運動に加わっていましたが、国民党が台湾独立運動の先駆者、廖文毅の甥を逮捕して、独立運動を断念させ、帰国、帰順させたことを母は知っていました。そのため、国民党がいつか息子たちを捕らえ人質にするのではないかと緊張し、憂慮していました。母の悲哀の人生については、本書の第二部『妻、王陳仙槎の証言』で率直に、ありのままに語られています。

筆者は長年にわたって、両親の悲惨な生涯を一冊の本にまとめたいと考えてきました。過去、父に関する記録や記述には、不正確な引用や間違った伝聞が用いられているケースがありました。筆者は本書執筆にあたり、十分な考証や照合を行ないました。本書が過去の誤りを正すことになると思います。

一冊の書籍を完成させることは、容易なことではありませんでした。各種の文献や資料をご提供いただいた黄恵君女史、国立師範大学の蔡錦堂教授、李筱峰教授には、さまざまなご協力、ご支援を賜りました。また、記事転載の許諾をいただいた呉樹民医師、雲林県西螺鎮の元・鎮長（町長）、故・李應鏜氏とご家族は、私どもが知るところ、唯一現存する『提審法解説』を収蔵、保存されており、その閲覧や撮影の許可をいただきました。心から感謝いたします。

日本語版では内容を一部増補、改訂しました。紙幅の都合により、原書では収録したいくつかの王育霖の著作、日記、詩、書簡などを割愛せざるを得なかった点について、少し残念な気もいたします。

日本語版の出版に際しては、元・台湾少年工で筆者の小学生時代の恩師である東俊賢先生と『神奈川新聞』記者の山元信之氏が仲介の労をとってくださいました。心より感謝申し上げます。そして日本語への翻訳は台湾在住の駒田英氏が担当してくださり、校正は簡長明氏にご協力いただきました。各位のご協力により、日本語版を上梓できたことをたいへんうれしく思っています。

そして、日本の読者の皆さんには本書を手にとって下さったことに、厚く御礼申し上げます。

〈推薦の辞〉

我ら台湾人の模範

頼清徳（前・台南市長、現・台湾総統）

一九四七年に発生した「二・二八事件」において、われわれ「府城」台南が産み、人々から深く尊敬を集めていた王育霖検察官と湯徳章弁護士という、二人のエリートが惨劇の受難者となりました。すべての台南人、さらにはすべての台湾人が遺憾に思い、この二人を偲んでいます。

王育霖氏は、初めて日本で検察官となった台湾人です。戦後、台湾に戻り、新竹の検察官に就任しました。王育霖氏はかつて「台湾の人々を困難な環境から救うことが、私の検察官としての目標であり、生涯の理想だ」と希望を語っていました。王育霖氏の職務遂行は公正無私で、新竹市政府が救援物資を横領した事件を捜査したことで、陸軍少将を兼任していた新竹市長郭紹宗の恨みを買い、検察官の職を追われただけでなく、二・二八事件において犠牲となり、若くして亡くなりました。まだ二七歳でした。

王育霖氏の受難後、弟の王育徳氏は台南一中で教鞭を執っていましたが、その後、〝清郷（粛清）〟〝白色テロ〟の時期に入ると、台湾を離れ、日本の東京大学で学び、文学博士の学位を取得しました。そして卒業後、教え子の黄昭堂氏らと「台湾青年社」を結成、雑誌『台湾青年』を創刊、一九六一年に、まず二・二八事件を取り上げた同誌の特別号を刊行、王育徳氏は「兄、王育霖の死」という記事を書き、二・二八事件の悲惨な真相を明らかにしました。

その後、王育徳氏のほか、黄昭堂氏、許世楷氏ら台湾独立運動のメンバーは、国民党当局の〝ブラックリスト〟に記載され、三十数年間、台湾に戻ることができませんでした。王育霖、王育徳兄弟による台湾への犠牲と貢献をより多くの台南市民に知ってもらうために、台南市政府では「二二八紀念館」を開設し、兄弟の足跡と実像を伝えています（訳注：台南市には「王育徳紀念館」が開設されている）。

王育霖氏の夫人、王陳仙槎女史は二四歳にして未亡人となり、まだ三歳の長男と乳児だった次男を連れ、台南の王家に戻り、過酷な日々を過ごしました。夫の王育霖氏は二・二八事件で亡くなったうえ、叔父の王育徳氏は海外の台湾独立運動のリーダーと、戒厳令期間において、政治上、二重の脅威にさらされました。苦しみに向き合い、かつ忍耐強く頑張り抜いた王陳仙槎女史は九四歳となられました（訳注：二〇二〇年一月死去。享年九七）。最大の敬意を表したいと思います。

王育霖氏の子息、王克雄、克紹兄弟は時間をかけ、かつ丁寧に王育霖氏の生涯について記し、散在していた父君が生前に書いた文章や書簡をまとめる作業を続けてきました。そして、二・二八事件発生から七〇年を迎えた今、本書『明日を期する者（原題：期待明天的人——二二八消失的檢察官王育霖）』（二〇一七年）が刊行されました。人々に法律や二・二八事件についての理解を促すとともに、王育霖氏の日記、著作、詩、台湾歌謡に関する研究などを読むことで、読者は王育霖氏の多方面における才能を知ることになるでしょう。

私は台南市長として、王克雄博士を深く敬服しております。王克雄博士は海外において、台湾の民主主義のため、そして二・二八事件受難者の名誉回復のために努力されています。そして王克紹医師には、さらに感謝の気持ちを伝えたいと思います。王克紹医師は長期間にわたり、台南で医療従事者として社会のために尽くすとともに、献身的な志を持って、災害時には人命救助、被災者救援にも従事され、さらに二・二八事件の真相究明を求める活動を続けてこられました。

王兄弟ならびに両氏の父、王育霖氏、そして叔父の王育徳氏は、いずれもわれら台南市民の模範です。

〈推薦の辞〉

『明日を期する者』の出版を祝して

薛化元（財団法人「二二八事件紀念基金会」董事長）

本書『明日を期する者』（原題：期待明天的人）は、王育霖氏の二人のご子息、王克雄、克昭兄弟の共同編著により完成しました。本書は王育霖氏の生涯を辿る伝記と、王育霖夫人の王陳仙槎女史の〝オーラル・ヒストリー〟に加え、王育霖氏が生前記した日記、詩、短文、書簡、著作などをまとめた文集を収録（訳注：日本語版では一部割愛）しています。

文集からは、戦後初期、台湾法曹界においてハイクラスの人材であった王育霖氏の法律家としての素養、知見だけでなく、氏の思想や文学的教養をうかがい知ることができます。戦後初期の台湾の社会文化史を理解するための非常に貴重な資料でもあり、王育霖氏個人の足跡を伝えるだけにとどまりません。

王克雄、克紹兄弟はこれらの文章を通じ、家族の系譜の再構築を図り、王育霖氏の生涯と受難の実像を明らかにしています。同時に二・二八事件の発生、経過が明確になることを希望し、事件の責任を究明しようとしています。本書は、現在も受難者の遺家族が自らの力によって父母に関する資料を収集し、二・二八事件の実相とその見解を公表するとともに、読者には事件に引き続き関心を持ち続けることを喚起する有意義な著作です。

王育霖氏は、旧制台北高等学校を卒業後、東京帝国大学法学部に入学、在学中に日本の高等文官試験司法科に合格、卒業後は京都地方裁判所の検察局に勤務しました。日本で検察官に補任された初の台湾人であり、日本統治時代における台湾人法曹界のエリートの一人でした。戦後は新竹で検察官を務め、本書の中で詳述されているように、二・二八事件前、新竹市政府の不正、汚職を摘発する過程で、新竹市長の郭紹宗らの捜査妨害や上司からの圧力などによって辞職し、結果的に権力者から敵意を持たれることになりました。

二・二八事件発生後の一九四七年三月八日から、国民党政府は台湾へ軍を派遣、混乱を鎮圧するなかで、台湾籍のエリートたちが次々に逮捕、強制的に連行され、数多くの人が消息不明となりました。王育霖氏もその一人です。こうしたエリートたちの受難は、その遺家族にとって深い悲しみであるだけでなく、台湾の歴史にとっても悲劇といえます。

王克紹氏の「政府に求めることはただ一つ、父親が正義のために殺された正確な日と場所を教えてほしいということのみです。子供としてできるかぎりの親孝行をさせてほしい、追悼するための命日を下さい」という一文を目にした時、私は涙を堪えることができませんでした。

私と王克紹氏は十数年前、「二二八事件紀念基金会」の董事（役員）を務めていた際に知り合い、王克雄氏とは、「台湾二二八関懐総会」の理事長時代から長期間にわたって相識の間柄です。私は両氏の二・二八事件の真相解明、責任追及に対するたゆまぬ努力を深く認識しています。そして、本書の刊行により、両氏の父、王育霖氏に対する追悼、感懐を体現するだけでなく、本書を通じて人々に、不幸にも二・二八事件で犠牲となった一人の台湾人エリートの存在を知らしめることができるでしょう。

二・二八事件に対する関心に基づいたものであっても、あるいは移行期の正義という理想の追求であっても、本書の刊行はたいへん建設的な意義があります。ご家族のご厚情にあずかり出版前に拝読し、本書の歴史的価値とその意義について深く認識いたしました。感動とともに強く本書を推薦いたします。

〈推薦の辞〉

大義のために犠牲になった王育霖検察官に最大限の敬意を表す

李勝雄（前・全国弁護士公会「二二八司法公義金管理委員会」主任委員）

二・二八事件という惨劇において、被害者には当時の法曹界のエリートが数多く含まれていました。そのうち五名の受難者の家族は、政府のごくわずかな賠償金の一部から計二二八万台湾元を弁護士公会全国聯合会（略称：全聯会）に寄付し、全聯会によって「二二八司法公義金管理委員会」が設立されました。

そして、私が主任委員に就任し現在に至ります。そのため、私は受難者となったこれらの弁護士、裁判官、検察官の未亡人やご家族と接してきました。国民党の呉伯雄・元副主席の伯父（父の双子の兄）である呉鴻麒判事の夫人、楊毛治女史、李瑞漢弁護士の夫人、李邱己妹女史は相次いで亡くなられ、王育霖検察官夫人、王陳仙槎女史のみがご健在です。いずれも夫が受難者となったのち、苦労を耐え忍びながら幼い子女を育てた苦難の日々は、凄惨をきわめるものでした。私は皆様に対し深く敬服します。

このたび、王検察官の長男、王克雄博士と次男の王克紹医師の手により、父君の生涯について資料や証言を収集、これらを基に一冊の本となりました。本書は、ご家族にとっては王検察官を回顧する、ほぼ完全なかたちでの伝記であるだけでなく、王検察官が生前、尊敬すべき法曹関係者の模範であったことを世の人々に広く知らしめることとなるでしょう。

私は同じ法曹界の後輩であるだけでなく、台湾人のために犠牲となり貢献した先輩方の恩恵を受けています。台湾はこうした史上最悪の虐殺事件を経て、〝白色テロ〟および「美麗島事件」といった政治迫害がなおも続いた後、戒厳令はようやく解かれ、民主、法治の道を歩み始めました。何よりも、かつて台湾の司法のために、生命を賭してまで尽力した法曹界の先輩方の功績だといえるでしょう。

王育霖検察官は、逮捕、殺害される前の時点で、当時の全世界の民主的で進歩的な国家の人権に関する法律を超越するかたちで『提審法解説（提審法の手続き）』を著しました。その多くは改正後の提審法および現行の刑事訴訟法で運用されています。王検察官は七〇年前、当時の世界の法曹界では、提審法に関する内容を見つけることができない苦境にあって、先進的な法理知識をもって、任意で勾引、容疑者の拘禁が可能な職権をもつ検察官の実務に合わせ、最も重要な人身の自由の保障という人権の考えを十分に理解し、現代の民主国家の人身に対する自由という人権、最も重要なその保障と遜色ない『提審法解説』を起草、立案したのです。非常に得難いことで、尊敬の念に堪えません。

このように、当時、台湾には世界的に著名な法学者レベルの人材が存在していたにもかかわらず、国民党は王検察官が『提審法解説』で記した、人身の自由の保障という人権をまったく無視しました。思いもよらなかったことに、二・二八事件発生直後、王検察官はこの偉大な著作の完成から四か月も経たずに、無実の罪で受難者となり、遺体も見つからないという悲惨な最期を迎えることとなってしまったのです。

王検察官は、まるで予知の能力を持っているかのようでしたが、それゆえに犠牲となった仁愛の心を持つ人物でした。王検察官が礎を築いた台湾人の人権教育の場で、その名声は後世まで末永く伝わることでしょう。また、これはイエス・キリストの「義のために迫害されてきた人たちは幸いである。天国は彼らのものである」という教えのとおりです。

王検察官は台湾人の人権、正義のために受難者となりました。王検察官とその子孫たちが天から与えられる恩恵は、必ずや大きいものとなるでしょう。そして、正義・公正に基づく「法の支配」と民主主義を尊重するすべての人々も、それを享受することができるはずです。

訳注：以上の三氏の「推薦の辞」は本書『期待明天的人（原題）』が台湾において刊行時（二〇一七年）に寄稿されたものを翻訳、掲載した。

目次

日本語版によせて（王克雄） 1
〈推薦の辞〉我ら台湾人の模範
頼清徳（前・台南市長、現・台湾総統） 7
〈推薦の辞〉『明日を期する者』の出版を祝して
薛化元（財団法人「二二八事件紀念基金会」董事長） 10

〈推薦の辞〉
大義のために犠牲になった王育霖検察官に最大限の敬意を表す
李勝雄（前・全国弁護士公会「二二八司法公義金管理委員会」主任委員） 13

第一部　台湾司法改革の先駆者 23

第一章　二・二八事件で帰らぬ人に 24

終戦直後の台湾と二・二八事件 24
王育霖の連行、殺害 26
台南の王家 32
少年期の王育霖 40

第二章　気骨の検察官　51

東京帝国大学入学と結婚　51
京都地裁勤務時代　59
故郷台湾で検察官就任　65
（1）新竹「船頭行」密輸事件　67
（2）新竹鉄道警察汚職事件　67
（3）新竹市長郭紹宗汚職事件　68
台湾司法改革への志　71

第三章　「二・二八事件」の実相　80

台湾全島に拡大した騒擾事態　80

虐殺の〝首謀者〟 86
惨劇の後も続いた苦難 93

第四章　父の遺志を継いで 102

アメリカ留学と台湾民主化・独立への願い 102
事件の犠牲が促した台湾の民主化 115

第二部　妻、王陳仙槎の証言 125

官田の陳家 126
台南の王家 128

戦時下の京都勤務　133
台湾人青年の殺人事件　137
帰郷、台湾へ　140
二・二八虐殺事件　145
連行当日　147
混乱の中での夫探し　150
ジョージ・H・カー副領事　153
夢の中で　155
台南への帰郷　159
残された息子たちとともに　162
王育徳の日本亡命　165
息子の克雄と克紹　174
克雄の留学　179
「台独街」　185

資料1　明日を期する者　190
資料2　法律評論集　204
「法治国とは何か？（何謂法治國？）」　204
「法律は打ち負かされることはない（法律是打不死的）」　207
「新聞社責任者の法律責任（報紙負責人的法律責任）」　209
資料3　王育霖関連年譜　211
日本語版訳出にあたり利用した主な参考文献・資料　215

法服姿の王育霖（おういくりん）。判事と検事の法服には襟に唐草模様と桐の刺繍（判事は紫、検事は赤）が施されている（京都地裁勤務当時）

第一部

台湾司法改革の先駆者

第一章　二・二八事件で帰らぬ人に

終戦直後の台湾と二・二八事件

第二次世界大戦が終わり、台湾人はこれでもう日本の植民地統治を受けることはなく、自らが台湾の主になれると考えた。

一九四五年一〇月二五日、連合国軍最高司令官ダグラス・マッカーサー元帥が発出した『一般命令第一号』に基づき、中国の蔣介石による国民政府は連合国を代表し、台湾における日本軍の降伏を受け入れた。台北公会堂で行なわれた降伏文書調印式の会場には、連合国のイギリス、中華民国、アメリカ合衆国、ソビエト連邦の四か国の同じ大きさの国旗と、連合国名誉旗が掲げられた。

思いもよらぬことに蔣介石は台湾を占有、戦利品と見なし、台湾の物資を収奪した。蔣介石の統治が始まった後、一九四六年一月から一九四七年二月のわずか一三か月間に、台湾の米の価格は四・八倍に高騰したほか、小麦粉は五・四倍、塩は七・一倍、白砂糖は二二・三倍になった。

本来、台湾は農作物や水産物が豊富な土地であるにもかかわらず、瞬く間に人々は貧困で暮らしていけなくなり、餓死者まで出た。中国国民党の官吏《かんり》に至っては、汚職にまみれ、思いのままに悪事を働いた。国民党の軍隊、警察は規律を乱し、法律を無視し、庶民を欺き、人々の生活を妨げた。

その結果、台湾の人々は日本統治時代よりも状況ははるかにひどいと、強い不満を抱いたのである。そして、国民党が推し進めた「三民主義」(訳注1)は、「三民取利」あるいは「惨民主義」だと揶揄された。

当時流行した決まり文句は次のようなものだった。アメリカ軍の爆撃(訳注2)は「驚天動地(天地を揺るがし)」、日本の降伏に「歓天喜地(小躍りして喜び)」、国民党の党員は台湾に来るやいなや「花天酒地(酒色に溺れ)」、官公庁は外省人を登用、政治は混乱し「黒天暗地(世は暗闇につつまれ)」、工場の閉鎖、物価の急上昇によって「呼天喚地(悲しみのあまり、天に向かって叫び、地に頭を打ちつけた)」というものだ。台湾省行政長官、陳儀による腐敗した統治に台湾人の忍耐はすでに限界に達していたのだ。

「二・二八事件」は、一九四七年二月二七日の夜、台北市内で専売局の取締官らが〝闇たばこ〟の摘発中に行商人の女性を殴打、流血に至る暴行を加え、さらに取締官が抗議する市民に発砲し死亡者が出たことがきっかけだった。翌二八日、台北市民は抗議デモを行なったが、同日午後、行政長官公署前で軍隊により多数の市民が殺傷されたことで、ついに台湾全島で人々の怒りが爆発することとなった。

蔣介石は三月三日から騒擾《そうじょう》事態収拾のため大規模に軍隊を動員、三月八日の夜から台湾へ上陸を開始、台湾の人々に対して情け容赦ない弾圧を始めた。

このほか、中国国民党台湾省党部はこの二・二八事件を利用して、日本の教育を受けた台湾人エリートを殺害しようと、対象者二百人あまりの名簿を作成し、行政長官兼警備総司令、陳儀に提出した。陳儀は国民政府軍事委員会調査統計局（軍統局）から特別行動隊（別動隊）と憲兵第四団から特高組を編成、この二つの組織が共同し、三月一〇日の夜から、台湾人エリートたちの逮捕、殺害、そして遺体を遺棄して証拠の隠滅を図った。わずか三か月間のうちに、約一万八千人から二万八千人の台湾人が中国国民党の軍隊や特務機関によって非道にも殺害されてしまったのである。

王育霖の連行、殺害

二・二八事件で逮捕、殺害された人物の一人が王育霖《おういくりん》検察官、筆者の父親である。

王育霖は東京帝国大学法学部法律学科を卒業、日本統治時代に日本において検察官となった初の台湾人である。王育霖は戦後、台湾に戻り、新竹で検察官に就任した、きわめて傑出した台湾人エリートで、殺害時の年齢は二七歳だった。

一九四七年三月一四日午後三時ごろ、中山服（訳注：上衣の立折襟が特徴の中国式の服。いわゆる「人民服」とも呼ばれ「中山服」は孫文〔孫中山〕の考案といわれることに由来する）を着て、銃を携えた六人の中国兵が台北市大正町七条通（現在の中山北路付近）の王育霖の自宅に押しかけてきた。彼らは「王育霖か？」と詰問したが、育霖は答えなかった。しかし、彼らは背広内側の名前の刺繍を確認すると、すぐさま育霖に手錠をかけた。

さらに中国兵は、まるで強盗のように室内を物色し、銀行預金通帳、印鑑などのほか、衣類が詰まったトランクケース二つも奪った。連れ去られる育霖を妻の陳仙槎《ちんせんさ》が追いかけていこうとすると、中国兵は彼女の首に銃口を押し当て制止した。こうして王育霖は中国国民党の兵士に連行され、二度と戻ってくることはなかった。

この時、仙槎は二歳九か月の筆者と、まだ生後三か月の次男、克紹を抱え、激しく泣き崩れ、起き上がることもできなかったという。

仙槎は台南県官田村の自身の実家で克紹を産み、一九四七年二月二一日に台北にやってきたばかりで、それからわずか三週間でこのような悲劇に見舞われたのである。当時、彼女はまだ二四歳で、台北の人にも土地にも馴染みが薄く、どうしたらよいかわからない状態であった。

王育霖は逮捕連行される二日前（三月一二日）、彼の台北高等学校時代のアメリカ人の英語教師で当時、駐台湾アメリカ領事館の副領事だったジョージ・H・カー（George Henry Kerr）（訳注3）を訪ねていた。この数日前の夜、カーの友人が彼のジープを借り、台北市内を走行中に狙撃される事件が起きた。幸いにも銃弾はハンドルに当たり友人は命拾いしたが、二・二八事件の混乱のなかでカー副領事を狙った襲撃であった。カーはすぐに台湾を離れることにした。カーはまもなく南京へ向かうことを明かすとともに、育霖にも逃げるよう勧めていた。

三月一三日、王育霖は英語の手紙にカーへの惜別の気持ちを記し、贈り物として大きな箱に入った日本の「雛人形」を用意し、引き取りに来るよう依頼していた。このことからも育霖は自身が逮捕、拘束されるような理由はないと考え、また逃亡するつもりもなかったことは明らかである。

王育霖が逮捕された翌日、仙槎はすぐさま二人の子供を連れて、夫を救い出すための援助を求めてカーを訪ねた。しかし、言葉が通じないため、カーは仙槎を連れ、馬偕医院へ向かい、台湾語が話せるイギリス人女性医師に通訳を依頼した。そして、カーは仙槎に対し「再び自分を訪ねてきてはならない。かえって育霖にとって不利になる」と伝えた。

育霖の逮捕から約一週間後、陳仙槎のもとに一人の男が訪ねてきた。男が手にしていた一枚の便箋には、育霖の直筆で「劉啓光と林頂立に助けを求めてもらいたい。さもなければ命の危険がある」と

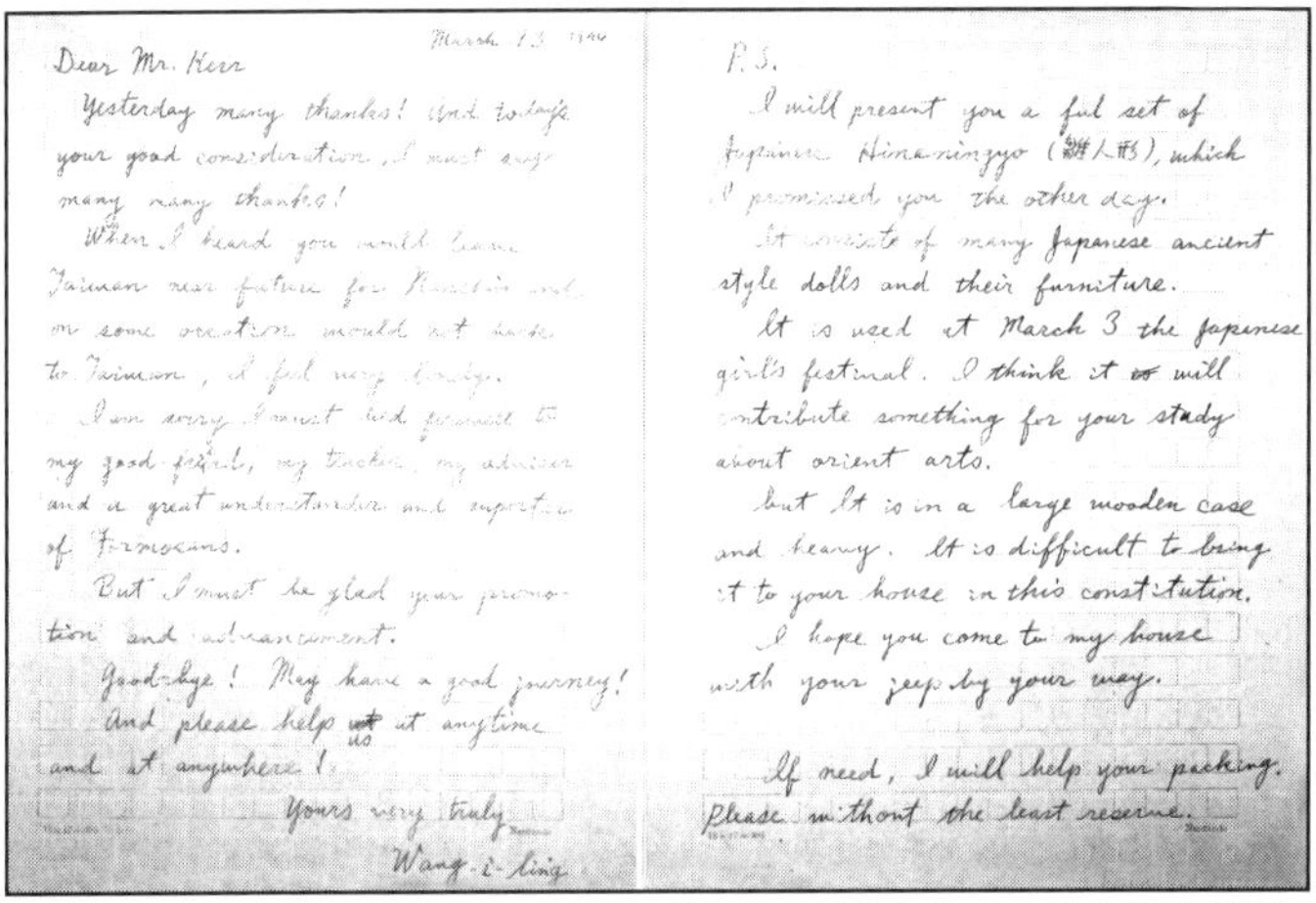
March 13

Dear Mr. Kerr

Yesterday many thanks! And today's your good consideration, I must say many many thanks!

When I heard you would leave Taiwan near future for [illegible] and on some occasion would not back to Taiwan, I feel very lonely.

I am sorry I must bid farewell to my good friend, my teacher, my adviser and a great understander and supporter of Formosans.

But I must be glad your promotion and advancement.

Good-bye! May have a good journey!

And please help ~~us~~ us at anytime and at anywhere!

Yours very truly

Wang-i-ling

P.S.

I will present you a ful set of Japanese Hinaningyo (雛人形), which I promised you the other day.

It consists of many Japanese ancient style dolls and their furniture.

It is used at March 3 the Japanese girl's festival. I think it ~~so~~ will contribute something for your study about orient arts.

but It is in a large wooden case and heavy. It is difficult to bring it to your house in this constitution.

I hope you come to my house with your jeep by your way.

If need, I will help your packing. Please without the least reserve.

王育霖が受難する前日の1947年３月13日に駐台北アメリカ領事館副領事ジョージ・H・カーに宛てた英語の手紙。カーが台湾を離れるにあたり、それまでの厚情への謝意や惜別の気持ち、変わらぬ台湾への支援を求める言葉を綴っている。

書かれていた。この男は育霖とともに保安司令部第二処本部（日本統治時代は本願寺台湾別院が所在）で勾留されていたが、処罰を免れ釈放され、育霖から伝達役を依頼されたのだった。

男は仙槎に、勾留中の者たちは収監される獄が変わるかもしれないので、できるだけ早く救助する方法を考えるよう促した。仙槎は育霖の指示どおり助力を求めて新竹県長（県知事）の劉啓光を何度も訪ねた。劉啓光は援助すると口にはしたものの、一向に進展がなかった。

次に仙槎は軍統局台湾站長の林頂立に助力を求めるため、合作金庫の総経理（社長に相当する役職）を務めていた母方の叔父、劉明朝を通して、外省人で協理（副社長に相当する役職）の馬君助を訪ねた。そして、この仲介でようやく林頂立に会うことができた。しかしながら、仙槎から事態のあらましを聞いた林頂立は「この件に関しては、私は力になれない」と答えたのだった。

じつは、この林頂立こそが、育霖を逮捕して殺害した黒幕であることをこの時の仙槎は知る由もなかったのである。かつて警備総部副参謀長を務めた范誦堯は、一九九三年に「憲兵から特高組を、そして林頂立が特別行動隊を組織し、これらの人々（すなわち台湾人エリート）を徹底的に逮捕した」、そして彼らの銃殺について「その多くは林頂立の責任において執行された」と証言している。

このことから、林頂立が台湾人エリート殺害の主たる実行者であったことがわかる。陳仙槎はかつて、陳炘、林茂生、李瑞漢、李瑞峰、施江南、林旭屏ら受難者の未亡人たちとともに、台湾に「慰労」にやってきた国防部長の白崇禧に行方不明の逮捕者の安否確認を陳情したのだが、警備総部は「自分たちは彼らを逮捕していない、暴徒によって殴り殺されたのではないか」と回答した。

実際には、これら一部の被害者は、『台湾省「二二八」事変正法及死亡人犯名冊』というリストに名前が記載されており、国民党軍によって逮捕され、非合法なかたちで死刑となり、遺体を遺棄されたのである。育霖および一部の受難者らの名前の下の「犯罪事実」の欄は空白となっている。つまり、彼らは無罪であり潔白であり、中国国民党の軍隊こそが暴徒だったのである。

この時、陳仙槎は台北にほとんど親類縁者がいなかった。乳飲み子を背負ったまま、あちこちに泣きつきながら、遺体を捜し回った。そして、どこそこに遺体が見つかったと聞けば、急いで育霖の遺

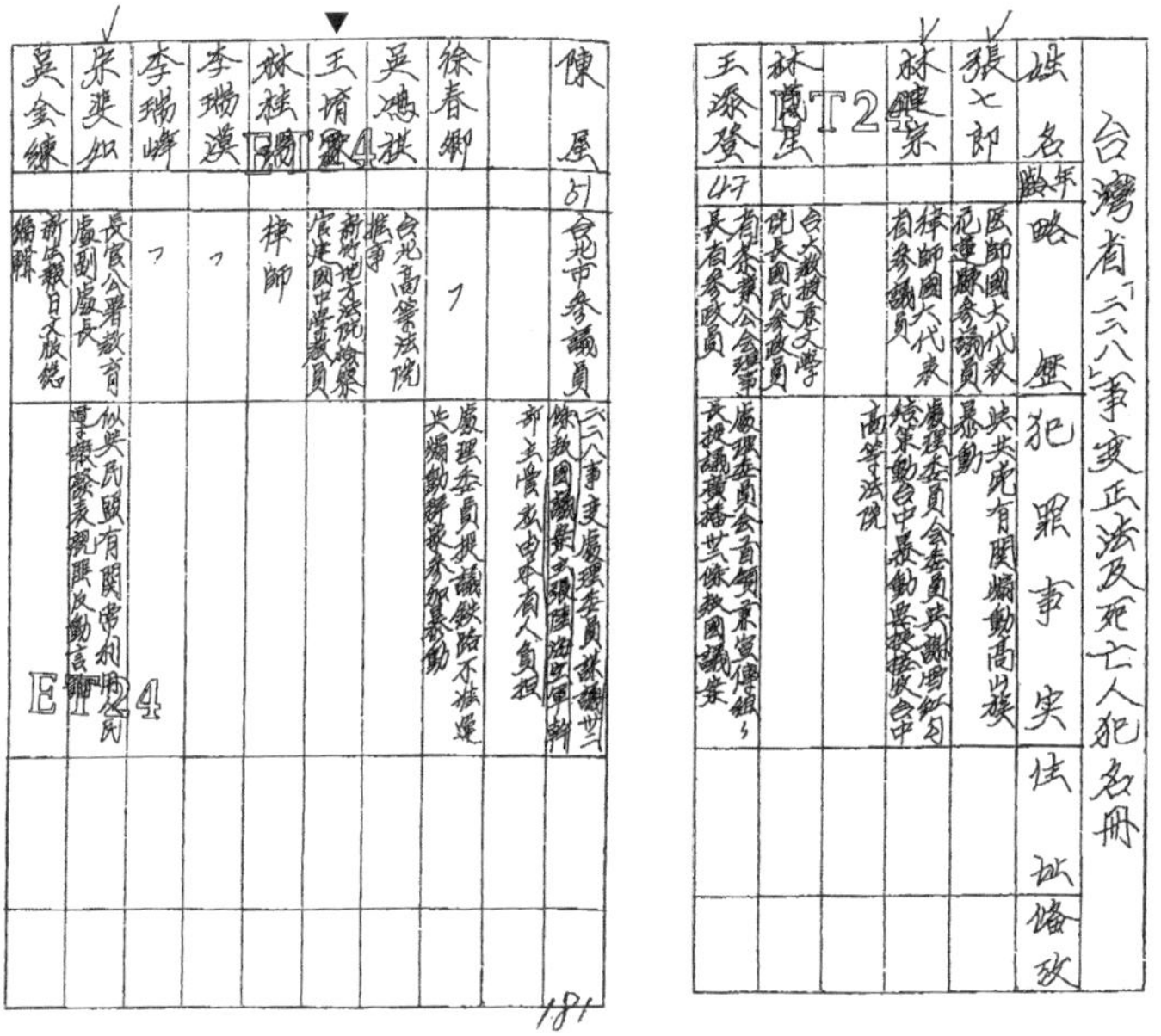

『台湾省「二二八」事変正法及死亡人犯名冊』には、国民党軍や特務機関によって殺害された台湾人エリートたちの名前が全 12 ページに書き連ねられている。王育霖（▼印）の名は誤って記されているが、その下の欄に「新竹地方法院検察官建国中学教員」とあり、間違いなく育霖である。

体かどうかを確かめに向かった。

　仙槎は「その時、克雄は二歳あまり、克紹は三か月だった。毎日、昼夜を問わず夫探しに奔走したが、すべて自分の足だけが頼りだった。死体が見つかったと聞いたら、夜中でも子供を背負って夫を探しに出かけた」と述懐している。

　本書の第二部「妻、王陳仙槎の証言」では、仙槎が当時、育霖の行方と安否を求めて捜し回った状況と、その心情を語っている。このような苦しい日々を半年過ごしたのち、仙槎は希望を捨てざるを得ず、二人の息子を連れて、惨めな思いのまま台南の育霖の実家に戻ったのだった。

しかし、そこには、また新たな辛く不憫な人生が待っていたのである。

台南の王家

王育霖の父、王汝禎《おうじょてい》は少年期から孤独で身寄りのない厳しい環境にあった。のちに金義興商行を設立、事業を繁盛させ、台南市の名士となったことは、汝禎がたいへんな努力家だったことの証しといえよう。

王汝禎は五歳の時に産みの母が亡くなり、一三歳の時に父も他界した。家は非常に貧しく、父の葬式費用も親族の援助が必要だった。父が亡くなった時、残されたのは汝禎と二五歳の継母、継母が産んだ二人の弟と一人の妹、そして四百円あまりの債務だった。不幸なことに三年後、二人の弟も病死し、継母は実子を失った悲しみで生きる意欲を失ってしまった。汝禎は継母が再婚してしまうのではないかと憂慮し、王家を離れないようひざまずいて懇願し、継母を実の母親とみなし、しっかり親孝行し面倒を見ると誓った。

汝禎はまだ若かったが、貧しさゆえに中学校は退学を余儀なくされ、家族を養うために荷役作業に従事した。汝禎は身体が大きく、重い荷物を担ぐことができたことから、皆は「王仔強（力持ちの王ちゃん)」と呼んだ。

重い荷物を担いで歩くと運搬の往復が遅くなるので、一計を案じた汝禎は仲間と協力して作業を分担することにした。途中で後半の運搬を仲間に託し、早足で戻り次の荷物を担いでくることで、往復の距離を短くすると同時に回数を増やした。そうすれば多くの荷物を運べるうえ、体力的にも楽だった。

汝禎の継母に対する孝行ぶりは、実の子のそれをしのぐものだった。稼いだお金をすべて母に渡したことから、周囲の人々は汝禎を『二十四孝』(訳注:親孝行の子弟二四人を取り上げた書物の名)の一人だと称賛したのである。汝禎は学校に通うことはできなかったが、勤勉で独学に励み、特に漢文は得意だった。

王育霖の父、王汝禎。日本政府から授与された勲章を着けている(1943年2月22日撮影)

王汝禎は二二歳で自ら商売を始めた。まずは天秤棒を担ぎ、各地で呼び売りをしたのちに小さな商店を開いた。ひと儲けをすると問屋に転じ、山や海の食べ物、乾物や缶詰などを販売した。商品の仕入れ先は台湾全島内から日本、朝鮮、中国まで拡大していった。

王汝禎は当時、台南市で賑やかな場所であった本町（現在の民権路）に広い土地を購入した。一九一八年、王汝禎三八歳の時に壮大で美しい中華風の事業所兼邸宅を建てた。建物の前方部分の三軒は商いの店舗、その上階は商品などを保管し、その奥は中庭、そして「中楼」と呼ばれる中間部分には二階建ての建物があり、大広間のほか、汝禎の事務室と部屋があった。さらに進むと二階建ての「後楼」、中庭があり、広間のほか、食堂や厨房、居室などがあった。中間部分の店舗と中庭の間はすべて取り外し可能な間仕切り壁となっていた。

仮に家で慶事があると、中間部分の店舗を空にして仕切りを取り外すと、中庭から表通りまでつながり、ここで観劇会などを催すと近所の人々も中庭まで入ってきて、それを見ることができた。それから数年、ここで暮らす親族が増えたことから、隣家も購入、壁を撤去して本宅とつなげた。汝禎はこの邸宅のほかに、歩いて一〇分ほどの場所に純日本式の家を建て、趣きのある庭園を設け、くつろいだり、来客をもてなすための別宅にしたのだった。

王汝禎は、氏族の祭祀を丁重に行なおうと、王姓大宗祠の建立を発起し、皆が先祖孝行できるようにした。宗祠の題壁は孫維禎が起草し、才人であった林茂生が記した。その一節には「各自が皆、社会的地位を築いたなかで、まだ宗祠は建立されていなかった。このことを案じていたのは汝禎のみであった。汝禎は率先して主導者となり、この件を必ず成功させようと努力した」と記され、汝禎の宗祠建立への努力を記録している。なお、林茂生はのちに台湾大学文学院（文学部）学院長となり、二・二八虐殺事件で受難者となった。

汝禎は若い時の苦労を忘れることなく、親戚への援助、寺や廟の修復などを行なったほか、しばしば貧しい人を助け、貧困家庭の子女への学費支援などもした。さらに、私立の「愛護寮」という施設を開設、浮浪者を収容した。これらの慈善活動から汝禎の愛の深さ、気前のよい人柄をうかがい知ることができる。汝禎は、たびたび日本政府から叙勲、顕彰を受け、さらには皇紀二千六百年奉祝式典に台湾同胞代表として日本へ招かれ、参席している。

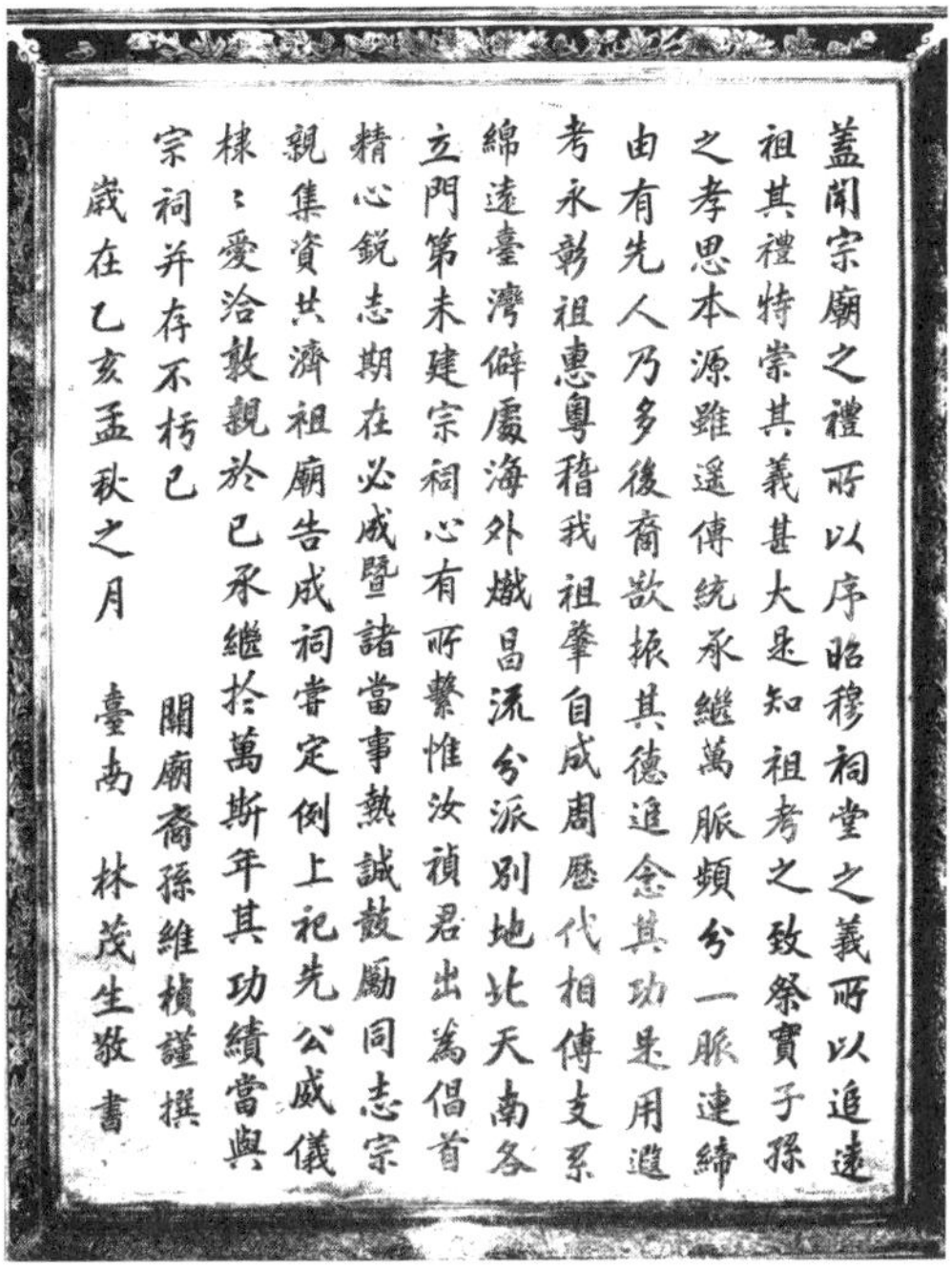

王汝禎が台南王家の先祖を祀り、氏族の繁栄を祈願するために建立した王姓大宗祠に掲げられている題壁。汝禎の宗祠建立への貢献が記されている。

王汝禎は「はじめは誠実さ、義理堅さを、その後は勤勉、倹約を基本とし、不眠不休で朝早

王汝禎の継母、呉氏俗。日本政府から授与された「緑綬褒章」を着けている。「三寸金蓮」と形容される纏足がわかる（1928年、台南市本町金義興王府で撮影）

くから夜まで奮闘し、さまざまな苦しみを味わった結果、今日の成功を得ることができた」と自ら語っている。さらに子孫たちに向けて「君たち子孫たちには、先人が事業を興す際にどれほど苦心したのかを知ってもらいたい。そして汝禎よりも何倍も努力しなければならない。事業を営み、守り、後世まで永遠に伝えていってほしい」と激励している。

王汝禎の継母（呉氏俗）は「三寸金蓮」と形容される纏足《てんそく》（訳注：中国で一三世紀から辛亥革命の頃まで行なわれていた女性の足を幼児期から布で縛り、大きくならないようする風習。女性の美と社会的地位の高さを示すものとされた）をもっていた。これは名家の出身であることを示している。穏やかで親しみやすい性格で貞操固く、再婚せずに世を送ることを望み、孤児を育て、息子の創業を助けた呉氏俗は人々から称賛された。

王汝禎は育ててくれた継母の恩に報いようと、継母の六〇歳の誕生日を盛大に祝うために、三百人あまりの賓客を招待し、半月にわたり観劇会を催したり、貧しい人々を救うため、白米二〇石を提供した。一九二八年、継母は日本の内閣賞勲局から「緑綬褒章」を授与されている。これは王家にとっての名誉であるだけでなく、台南市、台南州にとっても光栄なことであった。

継母は一九三一年に亡くなった。家族の皆が深く嘆き悲しみ、台南市において、かつてない大規模な葬儀を執り行なった。出棺ではたいへん長い葬列になったほか、棺は特別に大きく、三二人で担ぐほどだった。故人の供養のために燃やす紙の家「紙厝」も、きわめて巨大なものであった。

王則修は王汝禎のために伝記を記し「親孝行な息子がいてこそ、気骨ある婦人が揺るぎない心をもつことができる。そして気骨ある婦人がいてこそ親孝行な息子という名誉が得られる。互いに見習うことで進歩し、互いに力をあわせることで、各自の長所をより引き出せる。家庭にとっての喜びは、国家にとっても光栄である」と評している。

王汝禎が若くして洪銓と結婚した際、五叔（五番目の叔父）に借金をした。ところがほどなくして返済するよう催促されたため、結婚したばかりの洪銓は嫁入り道具の金のネックレスをすぐに質に入れることとなってしまった。台湾では旧正月の二日目、既婚の女性は夫とともに自身の実家に帰る習

1931 年、呉氏俗の葬儀における「紙厝」。竹などの骨組みと紙でできた家をかたどった葬送の供物で、ふつうは大人が両手で抱えられる程度の大きさだが、写真の周囲のようすと比較すると、高さ、四方は３～４メートル近くあろうかと思われる。

慣があるが、洪銓は着けるネックレスがないため、病気で帰ることができないと嘘をつくしかなかった。洪銓は勤勉かつ倹約家で家事を切り盛りして、夫の起業や仕事を支えた。

王汝禎もそんな妻の言うことをすべて聞き入れていた。洪銓は子供を産むことができず、ひどく苦しんでいた。そして、男の子と女の子を一人ずつ養子に迎えた。以成と錦珪である。しかし、洪銓に溺愛されたことで、以成は不良になってしまい、汝禎に勘当されてしまった。長女の錦珪もわがままで賭け事好きの性格だったが、その後、杜新春という貧しい秀才に嫁いだ。汝禎は杜新春に学業を修めるための資金を援助し、のちに彼は当時、台湾人ではきわめて少なかった裁判官となった。残念ながら杜新春は四四歳にしてこの世を去り、汝禎の誇りは、はかなく消えてしまったのである。

王汝禎はなお、実子が欲しいと望んでいた。洪銓は逆らえず、汝禎が二人目の妻、毛新春を娶ることに同意せざるを得なかった。毛新春は高雄の左営舊城の出身で王育霖の産みの母である。陳仙槎は何度も二人の息子、克雄と克紹を連れ、舊城の実家を訪れている。

二人目の妻、毛新春は王家に嫁いだものの、四年経ってようやく女児を出産した。息子がいないことを憂慮した王汝禎は淵源（長男）を養子に迎え、その子育てを一人目の妻、洪銓に任せると、三人目の妻、蘇揚を娶った。その後、二人目の妻、毛新春と三人目の妻、蘇揚は競って子供を産んだ。毛新春は錦香（次女）、錦碧（四女）、育霖（三男）、育徳（五男）を産み、蘇揚は錦瑞（三女）、育森（次男）、育棋（四男、二歳で夭折）、育彬（六男）、育哲（七男）を産んだ。

これほど多くの子供をもうけたことを王汝禎は誇りに思い、教育を重視、子女は必ず私塾に通わせるか、教師を招いて漢文を学ばせた。二人目の妻、毛新春は美しく、仕事もでき、優しい人柄だったことから、皆から慕われていた。しかし、それゆえに洪銓は激しく嫉妬して、洪銓は蘇揚と結託して毛新春をいじめ、毛新春と彼女の実子たちはとても辛い思いをしたのだった。

少年期の王育霖

王育霖は一九一九年一一月一五日に生まれた。育霖は末広公学校（現在の台南市進学国民小学）では一年から六年までいずれも級長を務め、非常に聡明だったが虚弱体質だった。

六年連続で育霖のクラスを担任したのは若い下門辰美先生だった。指導熱心な下門先生は、たくさんの宿題を課したほか、自費で参考書を買って生徒に与えた。また、スパルタ教育で生徒の身体を鍛え、根気、自信をつけさせ、さらには子供たちに力士の投げ技も教えた。

当時、台湾に高等学校は台北高等学校一校のみしかなく、台湾全島の中学卒業生が大学に進学する場合の主なコースとなっていた。台北高等学校には附属中学にあたる尋常科が設置され、尋常科を卒業するとそのまま高等学校へ進学できるうえ、さらに飛び級もできるようになっていた。この場合、一般の中学生よりも修学期間が一年少なくなった。

尋常科は一学年に四〇人を選抜していたが、台湾人生徒は、このうちわずか一〇パーセント程度、つまり台湾全島で四、五人ほどで、残りはすべて日本人生徒が独占していた。そうしたなか、下門先生のクラスからは、何と育霖を含め三人の台湾人が同時に尋常科に合格したのである。これは大きな話題となり、新聞にはこの三人の写真が掲載され、末広公学校は名門小学校となった。育霖の台北高等学校尋常科への「入学許可通知書」が残されている。

一九三二年、台北高等学校尋常科入学時、育霖はまだ一二歳だった。小学校を卒業したばかりで、父母のいる台南から一人遠く離れ、台北の学校に通うのは容易なことではなかった。

もともと身体が丈夫ではない育霖は、台北で母の毛新春に行き届いた世話をしてもらえないなか、尋常科三年の時、肋膜炎を患った。母はすぐさま看病のため、台北へ駆けつけて来た。育霖は宿舎を離れて母が借りた部屋に移り、栄養のある食事を与えられ、手厚く看病された。母子にとって非常に幸せなひとときであった。

半年後、育霖の病は快癒した。母は台南へのお土産として、台北で有名だった塩漬けの淡水産の毛蟹を桶ごと購入し

王育霖の生母、毛新春（中央）。左は実弟、育徳、後列左から実姉、錦碧と錦香、そして育霖。

た。そして帰宅すると、家族の皆に食べさせ、隣人にもおすそ分けした。ところが思いも寄らなかったことに、この毛蟹には肺吸虫が寄生していた。多くの人が重い肺吸虫症を発症し、一時、周章狼狽の大騒ぎとなった。

一人目の妻、洪銓と三人目の妻、蘇揚に至っては、皆を殺そうとしたのではないかと責めたことから、毛新春はこの出来事をたいへんに悔やみ、悲痛な思いに苛《さいな》まれた。ほかの家族たちは幸いにも治療と薬が効き回復したが、毛新春は毛蟹をいちばん多く食べていたことから、肺吸虫症に打ち勝つことができず、辛い思いを抱えたまま亡くなってしまった。

この時、育霖は一五歳、同母兄弟の弟、育徳は一〇歳になったばかりだった。実姉の錦香（次女）はすでに嫁ぎ、もう一人の実姉、錦碧（四女）も翌年嫁ぎ、育霖と育徳は唯一の頼りだった母を失ってしまった。互いに欺き、いがみ合う大家族のなかで、二人は天涯孤独であることを痛感し、互いに助け合って生きていくことになったのである。

育霖は突然、母親を失い悲観にくれた。自暴自棄気味となったうえ、誰も世話をしてくれる人もいなかったことから、しばらくして肺結核にかかってしまい、期末試験の後、台南に戻り、一年間休学しなければならなくなった。母はおらず、家庭にぬくもりはなく、さらに一年後に学校に戻った時には、留年してしまい、それを周囲から笑われるのかと考えると、気持ちは落ち込むばかりだった。

そして、ひどく感傷的となり、母のもとへ行ってしまおうかとまで考えた。その時、育霖の頭の中で突然、何かが瞬くのを感じた。そして、母親の遺志にいちばん報いることができるのは自死することではなく、力強く生き続け、まもなく訪れる光輝く〝啓蒙時代の騎士〟になるのだ、と誓ったのである。後年、育霖はしばしば、これは母が自分の命を分けてくれたのだと語っていたという。

一九三六年、育霖は尋常科四年に復学した。悲痛な気持ちがようやく癒えた後、当時の辛さを思い

台北高等学校尋常科在学時の王育霖

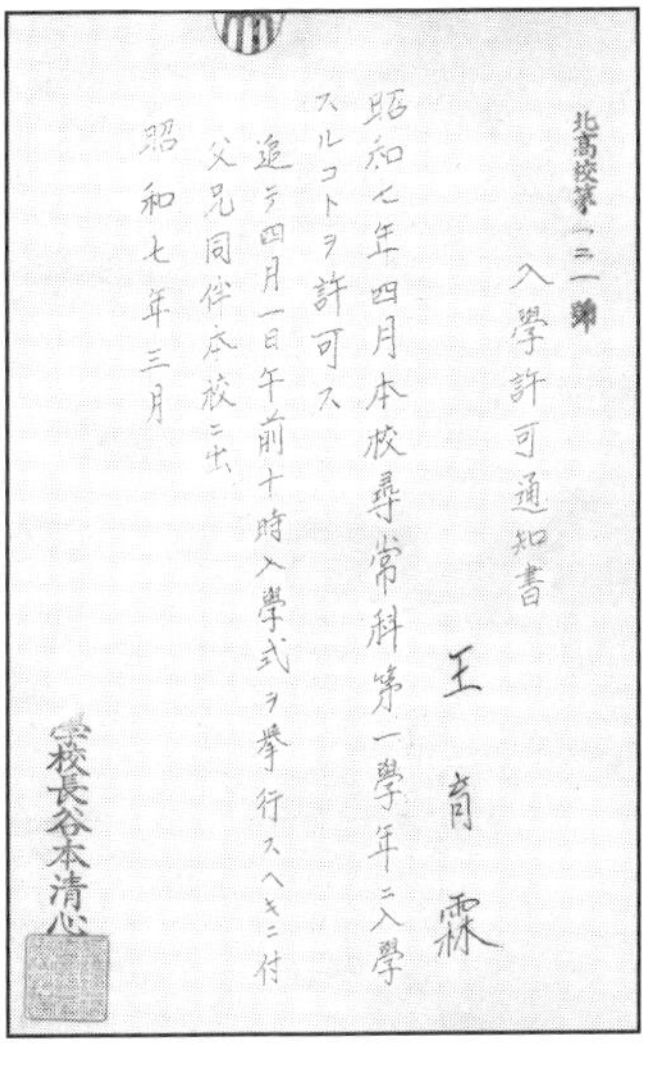

北高校第一二一號

入學許可通知書

王育霖

昭和七年四月本校尋常科第一學年ニ入學スルコトヲ許可ス

追テ四月一日午前十時入學式ヲ擧行スヘキニ付父兄同伴本校ニ出

昭和七年三月

學校長谷本清心

王育霖が台北高等学校尋常科に合格した際の入学許可通知書(1932年3月)

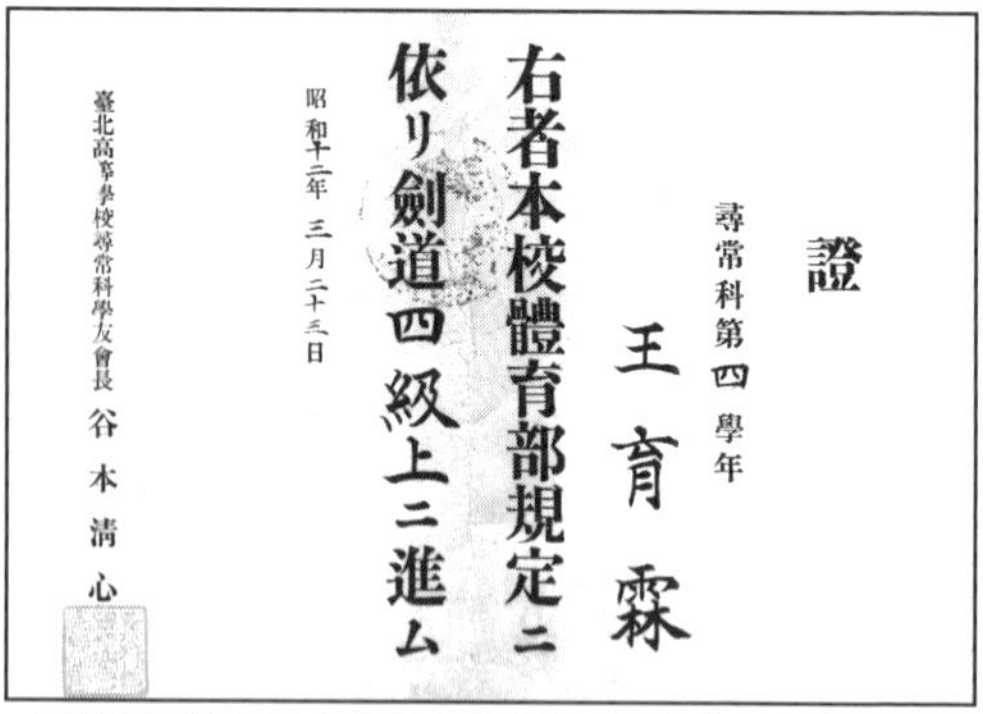
證

尋常科第四學年

王育霖

右者本校體育部規定ニ依リ剣道四級上ニ進ム

昭和十二年三月二十三日

臺北高等學校尋常科學友會長　谷本清心

王育霖が台北高等学校尋常科４年時（1937年３月）に取得した剣道四級の証書

出し今後の戒めとした。そして、努力して身体を鍛え、規律正しい生活を送り、以前とは見違えるほど健康となった。

その年の秋、育霖と育徳は日本に向かい、神戸の蔡家に嫁いだ四女の錦碧（四女）を訪ねた。台湾には「舅仔探」という習俗がある。これは結婚した二、三日後、花嫁の兄弟が嫁いだばかりの姉妹を訪ねるというものだ。すでに結婚から約一年過ぎていたが、この神戸訪問の目的はこの習俗に倣ったものだった。

育霖が「炎叔仔（炎おじさん）」と呼んだ蔡炳煌氏は同じ台南市の出身で、王汝禎とは仲のよい友人だった。蔡家は神戸でも山や海の食べ物、乾物の輸出入業を営んでおり、両家の家柄は釣り合っていた。蔡家の三男、東興の結婚相手として、王家の錦瑞（三女）と錦碧（四女）が候補となった。二人はともに優れた資質を備えていたが、叔母が選んだのは錦碧だった。その理由は、王汝禎の二人目の妻、毛新春は〝婦徳〟が十分に備わっており、毛新春が育てた娘であれば間違いないと考えたからである。しかし、このことで三人目の妻、蘇揚は腹を立てた。

母の毛新春が亡くなって以降、姉の錦碧が育霖と育徳の面倒を見ていたことから三人は神戸で再会すると、たいへん感激し、錦碧は我慢できずに涙を流し続けたという。そして、育霖と育徳は晴れ晴れとした気持ちで、神戸をはじめ京都、奈良、吉野、大阪など各地を巡り、珍しい風物に触れながら旅行したのだった。

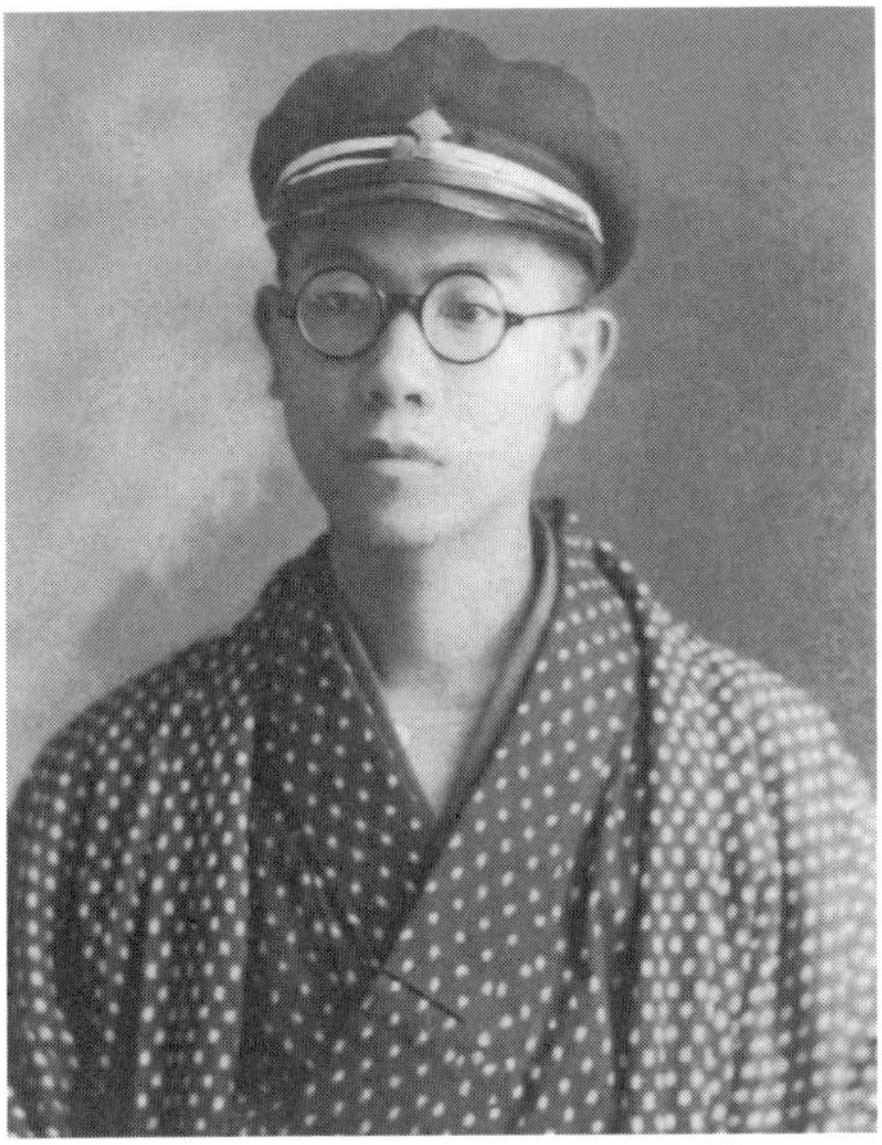
台北高等学校文科在学時の王育霖

その後、二人は東京に向かい、実姉の錦香（次女）を訪ねた。錦香の夫、黄龍泉はとても聡明、優秀な人で、東京帝国大学工学部を卒業した初の台湾人だった。東京に到着した翌日、兄弟は早速、長い間憧れていた東京帝国大学を訪れ、広大なキャンパスを目の当たりにし、最高学府の雰囲気を体感した。育徳はこのキャンパスで兄、育霖が語ったことを覚えている。

「しっかり見ておきなさい。ここがその名が広く天下に知れ渡っている東京帝大だ。ここを卒業できる日本人がいったい何人いるか。台湾人だったら、五、六〇人以下だ

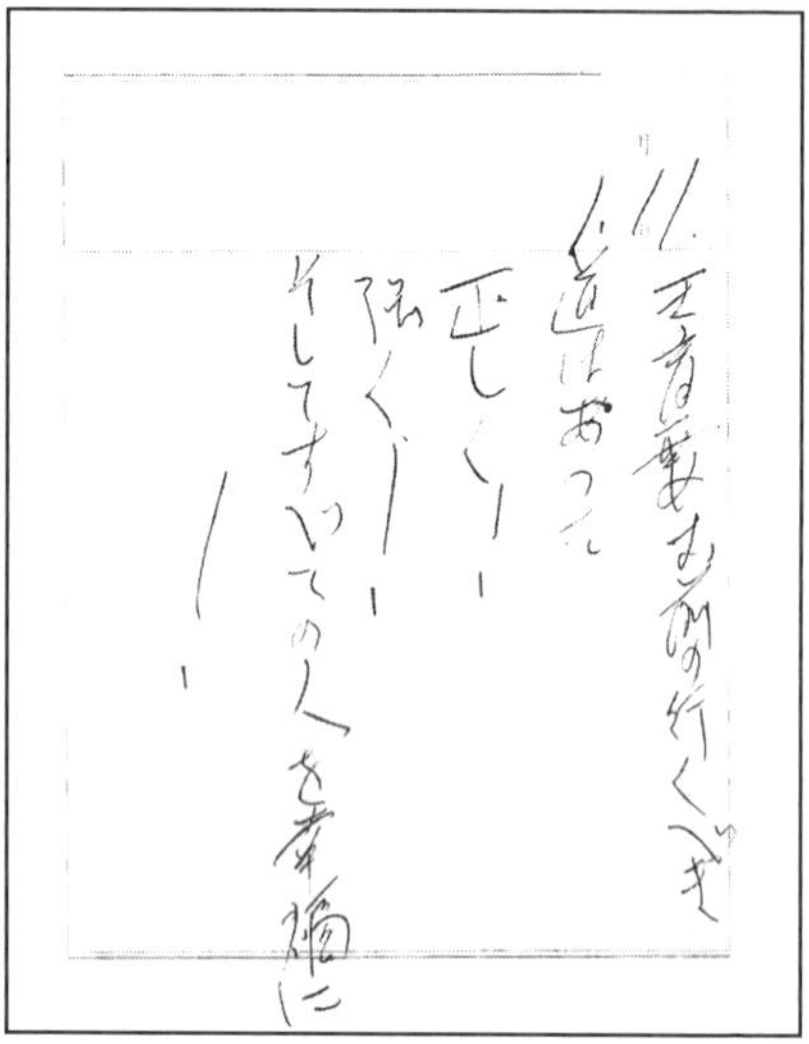

日記帳、1938年1月11日のページ

ろう。自分はここに来るつもりだ。君も必ず来なさい。考えてごらん。僕ら兄弟がともにここに進めたら、どんなに素晴らしいことだろう」と激励したのだった。

育霖は台北高等学校尋常科を卒業すると、直接、同校の文科甲類に進学した。中学は五年制だったが、四年生で高等学校に進学することもできた。

そのため、三年間の高等学校は現在の台湾の高校二年から大学一年に相当する。しかし、学力が優れてなければならないうえ、数多くの国内外の書籍を読むことが求められ、学生の思考力と創造力を育てていた。同時に英語も重視していた。

育霖の英語力は優れていた。育霖の英語教師はアメリカ人のジョージ・H・カーだった。当時、カー先生の年齢は二〇代半ばと若く、学生たちと打ち解けて、夏休みになると学生のもとを訪ね交流を深め、一緒に台湾各地を旅したりした。

この時期の育霖の心情や志しをその日記に見ることができる。一九三八年一月二〇日のページには

臺北高校
辯論大會
今夜臺南で
本夏々季休暇を利用して西部遊説旅行中の臺北高校辯論部一行九名は十三日午前十一時四分着南、後南二中學寮に宿所を定め同日午後七時より市公會堂に於て青年らしき堂々の熱辯をふるう由で一般の來聽を歡迎すると（寫眞は本社訪問の一行）
嘉義の盛況 【嘉義電話】臺北高等學校辯論大會は十二日午後七時より嘉義公會堂において開催され聽衆約二百名盛會裡に午後十時半閉會となつた
7、14附夕刊

高校辯論部員
臺南で辯論會
臺北高等學校辯論部員九名は本島中南部方面に於て辯論大會を催す事となつたが、臺南は十三日で、公會堂で午後七時から開催する、一般の多數參聽を希望してをり、辯士及び演題は次の通りである
眞なる學への道 王育霖
吾人への二つの注文 松崎鐵一郎
進め！光を求めて 山中茂
闘争の時代に寄す 坂井
國際協調より國家の力へ
都市と田舍の社會性より日本民族の特質を論ず 香山
人生肯定へ
來るべき世界
台湾日報所載
7、13附夕刊

台北高等学校弁論部の遊説旅行を伝える新聞記事の切り抜き。王育霖ら部員９名は 1938 年７月 13 日に台南市到着、同日夕、公会堂で弁論大会が開催された。

次のように記されている。

「母さん。今夜はあなたを思って、涙を流しながら『明日を期する者』を書きました。もしかしたら大した文章ではないかもしれませんが、自分の真摯な気持ちであり、母さんに捧げる花です」

育霖は母を亡くして以来、世の中のあらゆる蔑視、嫉妬、非情さについては顧みず、あるのは光り輝く未来を期待することだけだ、と考えていた。当時、綴った随筆『明日を期する者』は、育霖が当時の心境の変化を活き活きと、ありのままに描写しており、若者たちを力強く励ます内容となっている。育霖は日記に自らが行くべき道とは「正しく！強く！そしてすべての人を幸福に！」であると記している。とても力

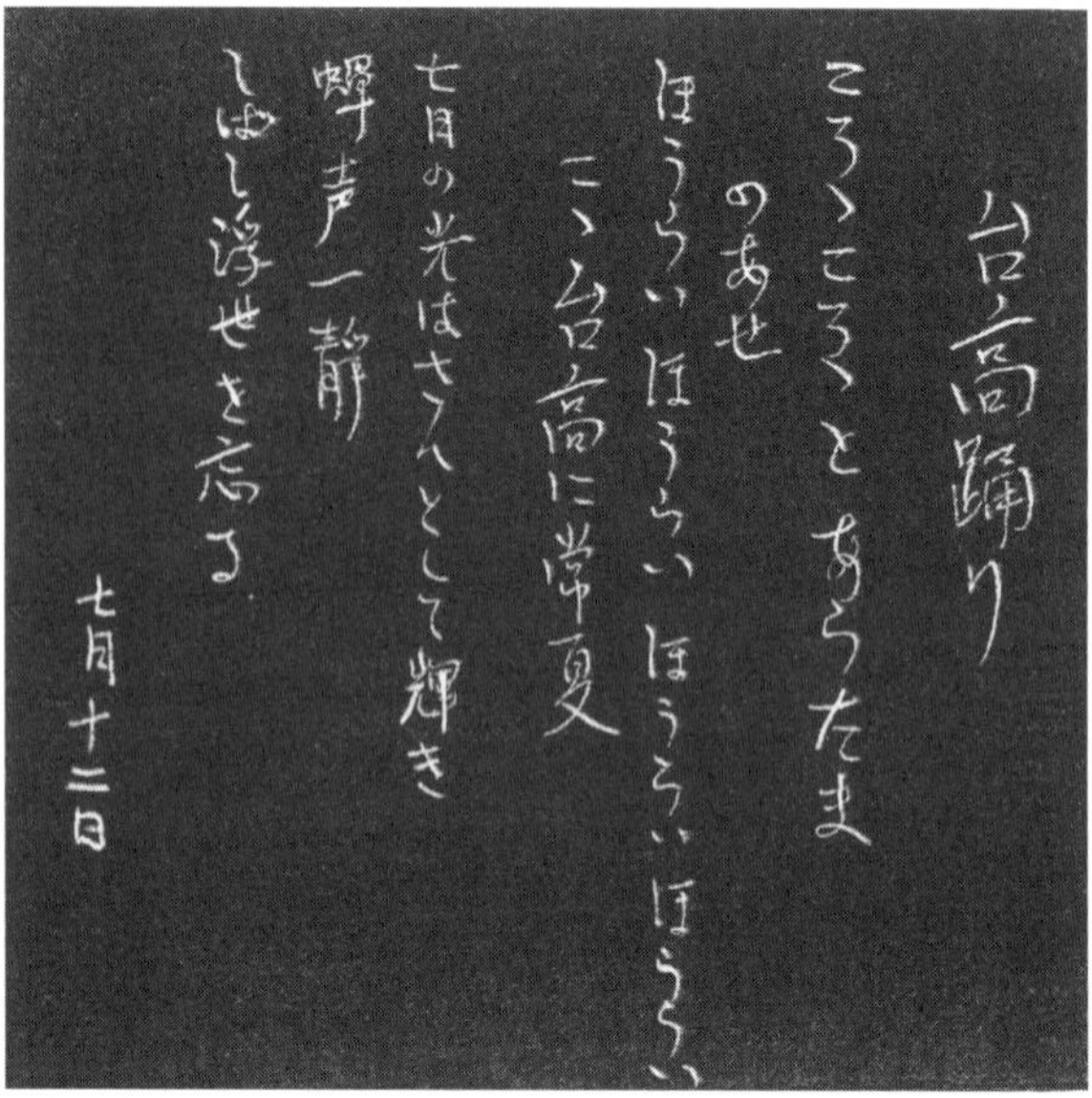

台北高等学校在学中、王育霖は多くの詩や随筆などを綴っている。1938 年７月、台湾南部への旅の途中に書いた「台高踊り」

強い気概が伝わってくる。正義を守り、人々の幸福を希求した彼の生き方は、まさにこうした努力を続けた賜物《たまもの》である。

育霖は、皆に自分の考えや意見を支持してもらうためには、人々の前で説得力を持ち、理路整然と話ができなくてはならないと考え、弁論部に入部した。育霖は熱心に演説の練習に励み、時には海辺まで行って大声を出す練習もした。弁論部の活動は校内に留まらず、台北公会堂での公開演説、さらには中南部まで遠出の活動もした。

彼らは一九三八年七月一三日、台南市へ赴き、台南王府に近い公会堂で弁論大会を催した。その日の育霖のテーマは「真なる學への道」だった。父の王汝禎はたいへん喜び、台北高等学校弁論部の学生たちを宴会に招いた。この台南への遊説旅行の途中、育霖は「台高踊り」と「今別れては何時か見ん」の二つの詩を記している。

育霖は文章を書くことも好きだった。とりわけ漢文が得意で、台北高等学校の文芸部でも健筆を振るっている。育霖の文芸作品には『臺灣歌謠考』『臺灣隨想』『「大地」と臺灣舊社會』『明日を期する者』『艶怨輓賦』などのほか、多くの詩がある。これらの作品の水準は相当高く、独特な識見をもっており、若くして一人の文学者といってよいだろう。育霖は、当時『台湾日日新報』の日本人記者で著名な作家でもあった西川満とも交流があり、西川と交わした手紙が現在も残されている。

王育霖と交流があった作家、西川満からの手紙（日時不詳）

一九四〇年三月、育霖は同期生の中で最優秀の成績を収め、台北高等学校文科を首席で卒業した。祖父は喜び、育霖が一族の誉れとなり、家門の名を輝かせてくれるだろうと、大いに期待したのだった。

訳注1：「民族の独立（民族主義）、民権の伸長（民権主義）、民生の安定（民生主義）」の三原則。一九〇五年に結成された中国同盟会の綱領として孫文が提唱、一九一一年の辛亥革命以降の中華民国の政治理念になった。

訳注2：大戦末期、台湾各地はアメリカ軍による空襲を受けた。一九四五年三月の台南市、五月の嘉義市、台北市などの爆撃では大きな被害を被っている。

訳注3：ジョージ・H・カー（一九一一～九二年）は、一九三五～三七年、日本へ留学、一九三七～四〇年、台北で英語教師、大戦中はアメリカ陸海軍の顧問や教官を務めた。四五年に台湾へ戻り、アメリカ海軍駐在武官補佐官として在台湾日本軍の降伏文書調印式に参席している。その後、国務省外交局勤務、駐中国アメリカ大使館台湾領事館副領事に任命。二・二八事件後、四七年に帰国。その後、ワシントン大学などで講師、研究機関で台湾や日本の歴史などの研究員を歴任した。

第二章　気骨の検察官

東京帝国大学入学と結婚

育霖は封建的な台湾社会の中で成長するにつれ、社会の革新が必要だと考えていた。さらに、台湾人が日本人からさまざま不合理な処遇を受けているのを目にし、育霖は台湾人の権利と利益獲得のために法律を学ぶことを志し、石にかじりついてでも東京帝国大学に入学しようと考えた。

当時から東京帝国大学の法学部は最も難関とされていたが、彼は自信満々だった。ところが思いもよらぬことに最初の試験は不合格だった。台湾の秀才は日本の秀才には及ばなかったのだ。だが、育霖の意志は変わらず、さらに努力をして勉学に励み、再度受験に挑んで合格し、翌一九四一年四月、夢にまで見た東京帝国大学法学部法律学科へ入学した。

東京帝大法学部在学時の王育霖（1942年5月10日撮影）

それから数か月後の夏休み、台湾に戻ると「媒婆」と呼ばれる縁談を取り持つ女性が早く見合いをするよう勧めてきた。媒婆は見合いに失敗して皆の面子を潰さぬよう、正式な見合いをする前に相手を〝盗み見〟する機会を作ってくれた。場所として選んだのは、台南市末広町二丁目（現在の忠義路と中正路の交差点）にある林百貨店の向かいの大きな雑貨店だった。媒婆が相手の女性と連れ立って買い物中のようすを離れたところから観察することにしたのである。

育霖は弟の育徳を同行させることで度胸をつけようとしたが、店に入る勇気がなく入り口でウロウロするばかりだった。代わりに育徳が媒婆と一緒の美しい女性の傍らまで近づくと、前後からじっくりと観察した。

こうして、この女性、陳仙槎の第一印象がきわめてよかったことから、すぐに測候所裏の有名な料亭「鶯料理」（訳注：その伝統的な日本建築と庭園が修復、保存され、台南市の「紀念性建築」に指定されている）で正式に見合いをし、その後、婚約が成立したのである。そして翌一九四二年、夏休み中の七月二七日、台南王府の金義興商行で結婚式が盛大に執り行なわれた。

新婦の陳仙槎は一九二二年九月一七日、台南州曽文郡官田庄の名家、陳家に生まれた。祖父の陳人英は一八九八年、麻豆弁務署（訳注1）の参事に任命され、日本政府から紳章（訳注2）を授与された人物である。

王育霖と陳仙槎、婚約時の記念写真（1941年8月26日撮影）

翌年、保甲局（訳注3）の局長を兼任、匪賊のリーダーを数多く誅罰するなど、大きな功績を残している。その後、台南庁の参事に転じ、さらに赤

台南市本町金義興王府で催された王育霖、陳仙槎の婚礼挙式（1942年7月27日）

山煉瓦会社の社長に任命されている。陳仙槎の父、陳自東は日本での留学経験があるエリートで、官田に広大な田畑を所有していたものの、不幸にも三八歳の若さで亡くなった。

母の劉彩蘋の母方の実家の祖先、劉茂燕は鄭成功に仕えた武将で代々、杳畝営、すなわち台南の柳営で暮らし、三人の挙人を輩出、地域一の豊かさを誇り、奉仕活動も熱心に行なっていた。母の劉彩蘋には劉明哲（実の弟）、劉明朝と劉明電（父の兄弟の息子で年下のいとこ）という三人の弟がおり、皆、豊かな教育を受け、社会に強い関心をもっていたことから、見識ある人々は彼らを「劉家の三兄弟」と呼んでいた。

明哲は台南市の商工団体の理事長や市議会議員を務めたほか、明朝は、台湾合作金庫の総経理を務め、のちに第一期の立法委員に当選している。明電はドイツ留学後、共産主義に傾倒し、日本へ移住した。母の劉彩蘋は柳営の名家の出で、習俗に従い「三寸金蓮」と呼ばれる纏足だった。劉彩蘋は夫に先立たれた後も再婚せずに、三男一女を育てた。とても教育を重視し、子どもたちは皆、郊外から台南市の学校へ送って学ばせた。

陳仙槎は育霖同様、末広公学校で学び、その後、台南第二高女（現在の国立台南女子高級中学）に進学している。当時、第一高女は主に日本人が学び、台湾人は第二高女に進学していた。そして、中学卒業後、東京へ赴き、洋裁学院で学んだ。

育霖夫婦は結婚すると住いを東京に移し、育霖は引き続き東京帝国大学法学部で学んだ。育霖は勉学に加え、空手部に入って、空手の稽古にも励み、初段を取得した。法執行機関職員は時として凶悪な者と対峙することになるため、空手によって身体を鍛えるとともに、自らを守ることもできると考えたからである。

そして、大学三年時に非常に競争率が高い、日本の高等文官試験司法科（現在の司法試験に相当）に合格した。育霖は一九四三年九月、東京帝国大学法学部をきわめて優秀な成績で卒業（訳注4）した。

高等文官試験司法科にも合格していた育霖は検察官を希望していた。当時、すでに台湾人の裁判官はいたが、日本の司法省は育霖の検察官補任には消極的だった。そのわけは、検察官は警察を指揮することができるうえ、当時、その権限はきわめて大きかったため、外地出身者を検察官にさせたくな

王育霖（前列、左から４人目）と、東京帝大空手部の部員たち

かったのである。

幸いにも東京帝国大学法学部学部長などを務めた穂積重遠先生の推薦もあって、育霖は司法官試補（訳注５）に採用されただけでなく、卒業直後ということで僻地に赴任することなく、日本で最も設置が古い裁判所の一つである京都地方裁判所検事局へ配属（訳注６）となった。

一九四三年の九月末、育霖は京都に赴任、日本において初の台湾人検察官への第一歩を踏み出したのである。

一方、弟の王育徳は台南一中の四年時に台北高等学校の受験を決めた。育霖はわざわざ台北へ戻り、育徳の受験に同行し、世話をするとともに激励した。そして、育徳は文科甲組に合格、つまり、一学年飛び級をしたことになる。

育徳は高等学校を卒業後、東京帝国大学の経済学部を受験したが、合格ならず、翌年再挑戦するも、やはり経済学部には入れなかったため、次に希望していた文学部に進むことになった。こうして育霖は、兄弟揃って東京帝国大学に入学するという望みをかなえることとなったのである。

育徳は文学部支那哲文科に入学したが、それがむしろ育徳の専門性を存分に発揮させることとなった。のちに台湾語研究の第一人者として多大な業績を生み出し、台湾語辞典や数多くの書籍を編集、執筆させることにつながっていったのである。

育霖、育徳兄弟の性格はかなり異なっていた。後年、育徳は育霖の人物像について、正義感と仁愛にあふれた人柄の一方、几帳面で融通が利かない「法律家的な人生観」と評している。そして育徳は自身については瀟洒な「文学的な人生観」と述べている。しかし、二人とも若い頃から、台湾は改革が必要だと考え、台湾の「グラックス兄弟」になると誓っていた。「グラックス兄弟」とは、古代ローマの平民たちのリーダーで、前後して護民官となり、政治改革を試みたものの、貴族に統制された元老院によって不幸にも殺されてしまった兄弟のことである。

のちに、台湾に貢献するため、育霖は憲法が施行されると立法委員に立候補して専門の法律知識を発揮しようと考え、育徳は芝居や文化関係の分野で活動しようと考えるようになるのである。

育霖は英語が得意だったことから、日頃から『The Current of the World』誌など英語のニュースに接していた。一九四四年に入ると、すでにドイツは次第に戦局が悪化し、日本軍が占領していた太平洋の島嶼もアメリカ軍の攻撃にさらされるようになった。こうした戦況悪化のニュースは日本の新

王育霖（右、東京帝国大学在学中）と王育徳（左、台北高等学校在学中）

聞などでは正確には報じられておらず、さらに日本国内の食糧不足は深刻となり、育霖は日本が戦いに持ちこたえられるのはあまり長くないと感じていた。

　アメリカ軍の日本本土爆撃が激しくなれば、日本で暮らしていくことは危険だった。さらに食糧不足とインフレのなか、在学中の育徳が受け取る仕送りも滞りがちで生活費はすでに足りなくなっており、食事さえ満足にできなくなっていた。一九四四年の春ごろ、こうした状態では勉学を続けられないと考えた育徳は台湾へ戻ることを決めた。この時期、すでに台湾と日本を往来する船舶は、しばしばアメリカ軍の潜水艦によって撃沈されることもあったが、育徳は危険を冒してでも台湾に戻る意思を変えなかった。

同年六月初め、帰郷する育徳は東京から列車で門司港へと向かい、あらかじめ電報を打って、京都駅のプラットホームで育霖と待ち合わせていた。ところが、列車の京都での停車時間はわずか三分で、育霖は約束時刻に間に合わず、育徳と会えなかった。

弟と会う最後の機会になるかもしれないと考えていた育霖は、次の九州方面行きの列車に乗って門司まで追いかけた。育霖は、育徳が門司で乗る予定の船を知らなかったが、懸命に探し、ついに乗船前に育徳を見つけることができた。兄弟はお互いの手を固く握りしめ、生離死別の辛さを痛切に味わったのだった。幸いにも育徳は無事に台湾に戻ることができた。

京都地裁勤務時代

王育霖は京都地方裁判所勤務当時、有名な清水寺の前に家を借りて生活していた。そこは廃業した陶磁器店の建物であった。

筆者は一九四四年六月、ここで生まれた。同年九月二四日、両親は生まれて間もない筆者を抱いて、清水寺を家族の加護を祈るため参拝している。この時、「第一大吉」のおみくじを引き当てている。それには「七宝浮図塔、高峰頂上安、衆人皆仰望、莫作等閑看」と記されており、浮図とは仏陀を意味し、浮図塔とは仏像、高僧の仏舎利、仏典などの宝物を収蔵した塔のことである。育霖夫婦はたいへん喜び、このおみくじを大切に保管し、現在も残っている。

両親は筆者に大きな期待を寄せていたが、残念ながら、筆者の資質や才知は父親の足元にも及ばない。

余談ながら、筆者は二〇〇八年、「海外廷昌後援会（民進党公認の正副総統候補、謝長廷、蘇貞昌両氏の後援会）」に参加、アメリカから台湾に戻り、総統選挙応援をし、この後、アメリカへの帰路、日本に立ち寄り観光している。

この時、筆者は京都のかつての住まいにも行ってみたところ、まだ一、二歳だった筆者には記憶がないが、建物はそのままだった。もともとの主の子孫が陶磁器店を営んでおり、筆者が来訪目的を伝えたところ、「記念に」と、小さな陶器を贈ってくれた。

続いて筆者は、かつて育霖一家の面倒を見た大阪の「四姑（育霖の実姉）」錦碧も訪ねた。戦争中は食糧が不足、大人たちは衰弱し、一部の乳幼児は栄養不足から亡くなることもあった。筆者の母、仙槎が病気になった際、錦碧は、母がしっかり休んで療養できるよう、筆者を神戸に連れていき面倒を見ると心強い言葉をかけてくれた。

戦時中で、食べ物が欠乏していたなか、錦碧は川べりでカエルを捕まえてきて調理した。台湾人にとって、カエルは栄養のある食べ物だが、日本人はカエルを口にしないため、周囲の人には鶏やアヒルにやる餌を取りに行くと言わざるを得なかった。栄養不足により、筆者も幼少期は虚弱体質で病気がちだった。

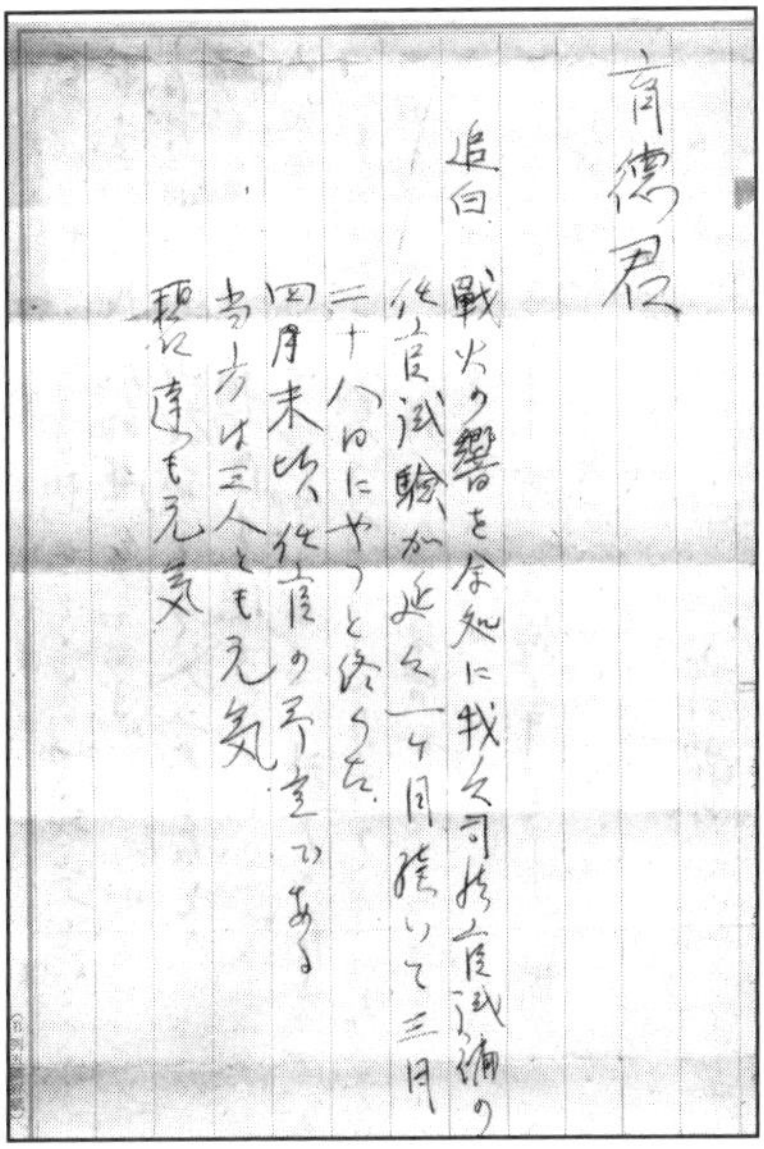

育徳君

追白 戦火の響を余所に我々司法官試補の任官試験が近々一ヶ月続いて三月二十八日にやっと終りました。
四月末頃、任官の予定である
当方は三人とも元気
穏に達も元気

1944年3月末、王育霖が東京帝大在学中の弟、王育徳に宛てた手紙。検事登用試験が終わり、同年4月頃、任官予定である、と綴っている。

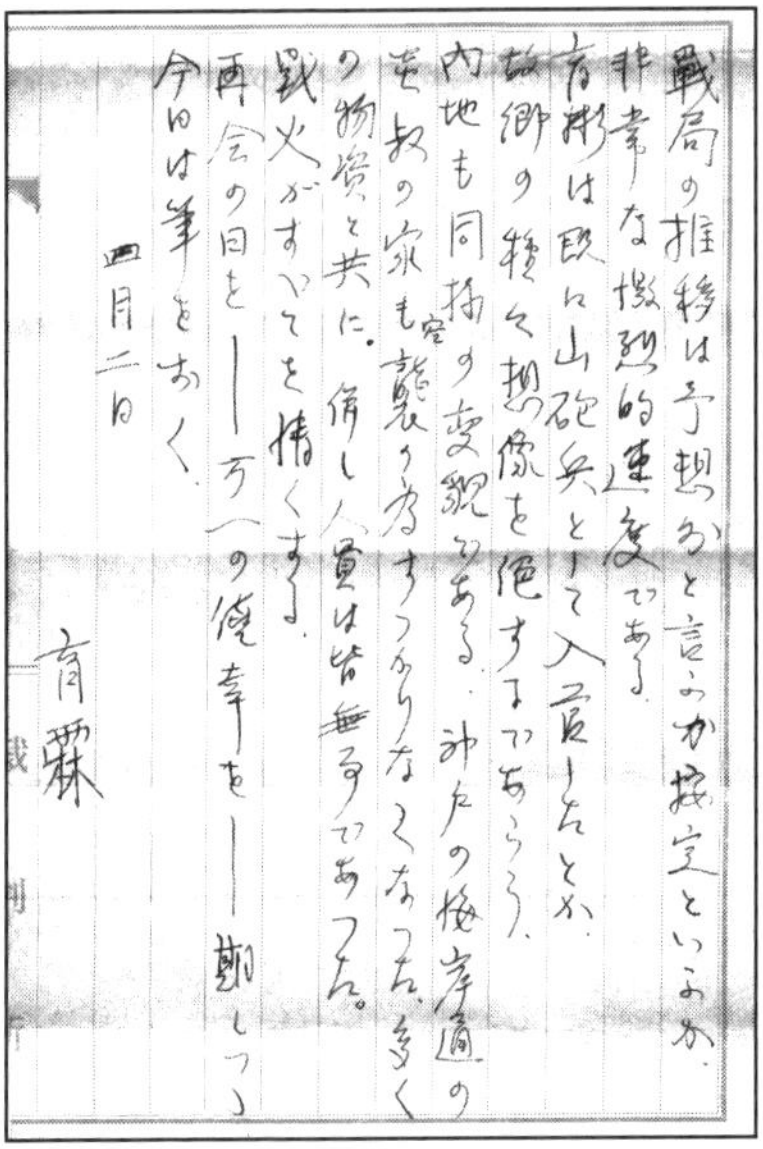

戦局の推移は予想外と言うか極定というか
非常な激烈的速度である
育彬は既に山砲兵として入営したとか
故郷の種々想像を絶するであろう
内地も同様の変貌である。神戸の海岸通の
当叔の家も空襲の為すっかりなくなった。多く
の物資と共に。併し人員は皆無事であった。
戦火がすべてを情くする。
再会の日を――万一の僥倖を――期しつつ
今日は筆をおく。
四月二日
育霖

台湾へ帰郷した弟、王育徳に宛てた手紙（1945年4月3日付）。戦局の悪化や神戸空襲、再会の願いなどを綴っている。

筆者の父、育霖が二・二八事件の受難者となった後、「四姑丈（錦碧の夫）」はわれわれを訪ねて台湾へ戻ってきてくれた。当時、日本へ逃れていた「五叔（五番目の叔父）」こと、育徳は台湾独立運動に参画していたため、四姑丈は私たち家族と五叔との間に入り、秘密の知らせを伝達に来たのである。母、仙槎は筆者と弟へ、四姑と四姑丈からの恩をしっかり覚えておかなければならない、常に感謝の気持ちを示す贈り物を送るようにしなさいと、しばしば言っていた。

京都地裁での勤務を通じて育霖は、どんな事案であっても、罪は厳正に裁かれなければならない、反対に無辜の者に罪を着せるような過ちがあってはならない、という自身の信念を一層強くするとともに、捜査や公訴手続きなど検事の実務を学んだ。育霖は生来の一本気な性格の一方で、人を憐れみ、同情心に厚く、小さな罪には寛大に向き合い、犯罪者にも更生する機会を与えることを旨とした。

ある日、育霖は帰宅すると、失望した表情で妻、仙槎に「一人の日本人の老人が出獄後すぐ、貧しく食べるものもなく、葱を盗んだ」と語った。戦時中の食糧統制下での犯行であり、罪は重く、また再犯であったため、懲役五年を科さなければならなかった。育霖は、この量刑は重すぎると思いながらも、刑を軽減することもできず、ただ嘆くことしかできなかった。（一三五ページ参照）

戦時中、日本で暮らす台湾人留学生は厳しい環境に置かれていた。台湾の家族からの仕送りは滞りがちだったうえ、十分ではなく、途絶えてしまうこともあった。育霖はできるだけ彼らを支援した。

育霖夫妻は留学生を家に招き、食事をもてなし励ました。のちに総統になった李登輝氏も京都帝国大学で学んでいた時代、育霖の家を訪れたことがある。

戦争末期になると、アメリカ軍の日本本土への空襲は激しくなっていった。B29爆撃機は大編隊を組み、東京、大阪などの大都市をはじめ、地方の都市、産業・軍事施設などを目標に昼夜を問わず爆撃した。空襲下の市街地では警報が鳴り響くなか、皆、緊張と恐怖に包まれ、連日のように続く空襲

王育霖夫妻と長男克雄（京都地裁勤務当時、1945年撮影）

洛東音羽山清水寺
第一大吉
七寶浮圖塔
高峯頂上安
衆人皆仰望
莫作等閑看

1944年９月、王育霖夫妻が生後３か月半の長男、克雄とともに京都の清水寺参拝時に引き当てた「第一大吉」のおみくじ

で誰もが疲労困憊していた。

高度一万メートル以上で飛来するB29に日本軍の高射砲は届かず、邀撃《ようげき》の戦闘機も圧倒的な数と性能で勝るB29には歯が立たず、出撃しても撃墜されてしまったり、ほとんど戦果を上げられなかった。

古都、京都には多くの寺社仏閣、文化遺産があることから、アメリカ軍は京都を爆撃目標から外していた。もちろん日本人はそれを知る由もなかったが、そのため京都は空襲を免れたのである。

一九四五年八月六日、広島に、続いて八月九日、長崎に原子爆弾が投下された。この二つの原爆によって合わせて約二〇万人の人々が犠牲になった。原爆の被害について日本の報道機関は詳細を伝えなかったが、日本の政府機関や軍など一部の者には、その事実が伝わっており、京都地裁の関係者も甚大な被害が出たことを知った。育霖はただちに地方へ疎開することを決め、京都を離れた。

疎開先への列車に乗り合わせた人たちの中には被爆地からの避難者もおり、そこには重傷を負っている人もいて、こうした人たちの多くは、おそらく生き長らえることはできないだろうと思われた。この道中、アメリカ軍戦闘機の機銃掃射を受けた列車は、これを避けようとトンネルに入ったものの、蒸気機関車の煙によって乗客は窒息寸前だったという。

八月一五日、日本は無条件降伏、台湾は日本の統治から解放されるとともに、日本在留の台湾人たちも故郷へ帰ることができるようになったのである。

戦争が終わると、育霖は京都の「台湾同郷会」の会長に推された。その最も重要な仕事の一つは、一刻も早く故郷に帰りたいと願う台湾人のために、帰郷のための船の手配や関係機関などと交渉することだった。

この時期、育霖はある刑事事件に関わっている。一八歳の台湾人青年が古書店店主の女性を殴打、殺害し、遺体を遺棄した事件（二三七ページ参照）で、育霖はこの事件の担当ではなかったものの、この若い被告を不憫に思い、死刑だけは回避し、なんとか無期懲役に処されるように方策を思案した。育霖は故郷、台湾へ戻るための準備に忙しいなか、被告を救うために奔走し、公判の担当検事や知己の法曹関係者などに、殺害はあくまで偶発的な結果であり、殺意があったわけではないと訴えるとともに、台湾人同胞たちにもこの被告への支援を働きかけた。その結果、被告は極刑を免れることができたのである（訳注7）。

故郷台湾で検察官就任

王育霖一家は一九四六年一月、ついに長らく離れていた故郷台湾へ戻った。台南の実家に着き、父、王汝禎と対面した育霖は、幼い筆者を抱いた妻の陳仙槎とともにひざまずき、「戦争中、孝行を尽くすことができなかった親不孝の息子をお許しください」と謝罪した。育霖も、また父も、ともにたいへん親孝行で子孫にとって模範となる人物だった。

育霖は母国に戻り、これからは台湾人のために精いっぱい貢献できると、熱意と期待を抱いていた。台南の実家でゆっくり休むこともなく、早くも同年二月二一日には、台北地方法院（地方裁判所）検察処に検事として着任した。

現在はアメリカのサンディエゴ在住で、当時、台北地方法院の司法警察職員だった許庭榮氏によると、王育霖が台北にやってくる前から裁判所では「非常に優秀な検察官が就任する、東京帝大卒で台湾人として初めて日本で検察官になった人だ」と話題になっていたといい、特にまだ台湾に留まっていた日本人の判事や検事はこぞって育霖に会いにきたという。その後、育霖は三月二一日、新竹地方法院の検察処に赴任した。

実直な性格の育霖は権力を恐れず、積極的な捜査により、犯罪や不正を摘発し、台湾がよりよい国になるために貢献したいと願っていた。育霖は新竹でいくつもの大きな事件を担当した。次に紹介する三つのケースからは、司法の公明正大を貫く育霖の姿勢をうかがい知ることができる。

（1）新竹「船頭行」密輸事件

台湾は、もともと砂糖と米の特産地である。しかし、中国国民党政権が台湾を統治し始めて一年経たずに、あらゆる物価が高騰した。その主な原因は蔣介石が台湾から物資を収奪し、中国大陸に送ったことだが、政府職員や官吏と商人が結託し、砂糖や米を大量に密輸出したことも大きな原因であった。王育霖は、こうした者たちを厳罰に処さなければならない、そうしてはじめて台湾庶民の生活を救うことができると考えた。

育霖は報告を基に「船頭行」と呼ばれた貨物輸出入業者のところに出向き、密輸の調査を実施した。ただちに、その場で容疑者七、八人を逮捕するとともに密輸出される前の物品も差し押さえたことから、この摘発に人々は溜飲を下げた。

その後、この悪徳業者の元締めは、育霖の小学校の同級生を使って賄賂を送ろうと、育霖の自宅を訪ねさせた。しかし、その来訪目的を察した育霖は激怒し「叩き出すぞ！」と大声で一喝した。同級生は育霖の気迫に怖気づき立ち去るしかなかった。

（2）新竹鉄道警察汚職事件

新竹鉄道警察の張之科、丘應健、何仰湯の三名は汚職行為により検挙され、王育霖は公訴を提起した。すると、腹を立てた彼らは銃を手に育霖を威嚇し、公訴手続きの打ち切りを迫ってきたのだが、育霖はこんな脅しを少しも恐れなかった。

新竹地方法院の代理首席検事の張光祺は、彼らに「王検察官を殺すことはできるだろう。しかし、法律を殺すことはできるのか」と戒めた。このことは、国民党の憲兵や警察が無法の限りを尽くしていたことを物語っている。この件については、のちに育霖が発表した司法に関する論説「法律是打不死的（法律は打ち負かされることはない）」に記されている。

(3) 新竹市長郭紹宗汚職事件

在台湾の日本軍が降伏、撤退後、中華民国空軍第二六地勤中隊（訳注：地勤中隊は航空基地で整備、補給、後方支援など、地上の基地業務を担任する部隊。新竹には大戦中、日本海軍航空隊の基地が所在していた）は、日本軍が残していった乾パンやパイナップルの缶詰などの食料品を接収、管理していた。これらの食料品は新竹市政府に引き渡し、貧しい人々や学校職員、学生生徒に配給することになっていた。ところが、これらが街の市場で売られているのが発見されたのである。

空軍はこの事実を新竹地方法院に告発、捜査するよう求めた。本来、この事件は王育霖の担当になる予定ではなかったが、代理首席検事の張光祺は、この事件の処理は困難をともなうと考え、かねてからその能力を買っていた育霖に任せたのだった。

育霖は、この事件に関与が疑われる新竹市政府総務課長を召喚し尋問しようとしたが、新竹市長の

中華民國三十五年八月十三日

空軍第廿六地勤中隊
控告新竹市府
暗賓民學生麵包雖有曖昧
王檢察官赴調査反稱包圍

台中市消防後援
十一日成立大會

高雄新法院長
孫德耕氏視事

本省黨團今電中央
請籌澁谷事件對策

新竹一區黨部
舉行成立大會

教員淸苦渡日難
盼當局代爲考慮

員林本報分社座談會

中國海

郭紹宗市長ら新竹市政府の不正、汚職事件に対する王育霖検察官の強制捜査を伝える新聞『民報』の記事（1946 年 8 月 13 日）

郭紹宗（陸軍少将兼任）は総務課長を庇い実現しなかった。さらに「政府の大物が彼らの後ろ盾になっている。もし起訴に踏み切ったら、必ず後悔することになるだろう」と育霖を脅す者まで現れた。台北の上司からも「これ以上この事件を追及するな」という話が伝わってきた。育霖は職を失うかもしれないと覚悟したが、不正を摘発する気持ちは揺らぐことはなく、〝貪官汚吏〟を必ず厳しく処罰しようと考えていた。

育霖は関係者に対する尋問および証拠固めのため、上司の許可を得て、裁判官へ捜査令状を請求した。そして、一九四六年八月九日、六人の憲兵と司法警察官二人、書記官一人をともない、新竹市政府に強制捜査に向かった。しかし、郭市長は捜査を拒否、さらに警察局長に命じ、多数の警察官を動員して捜査を妨害させた。そして、この混乱に乗じて育霖が所持していた捜査令状や書類が奪い取られてしまった。

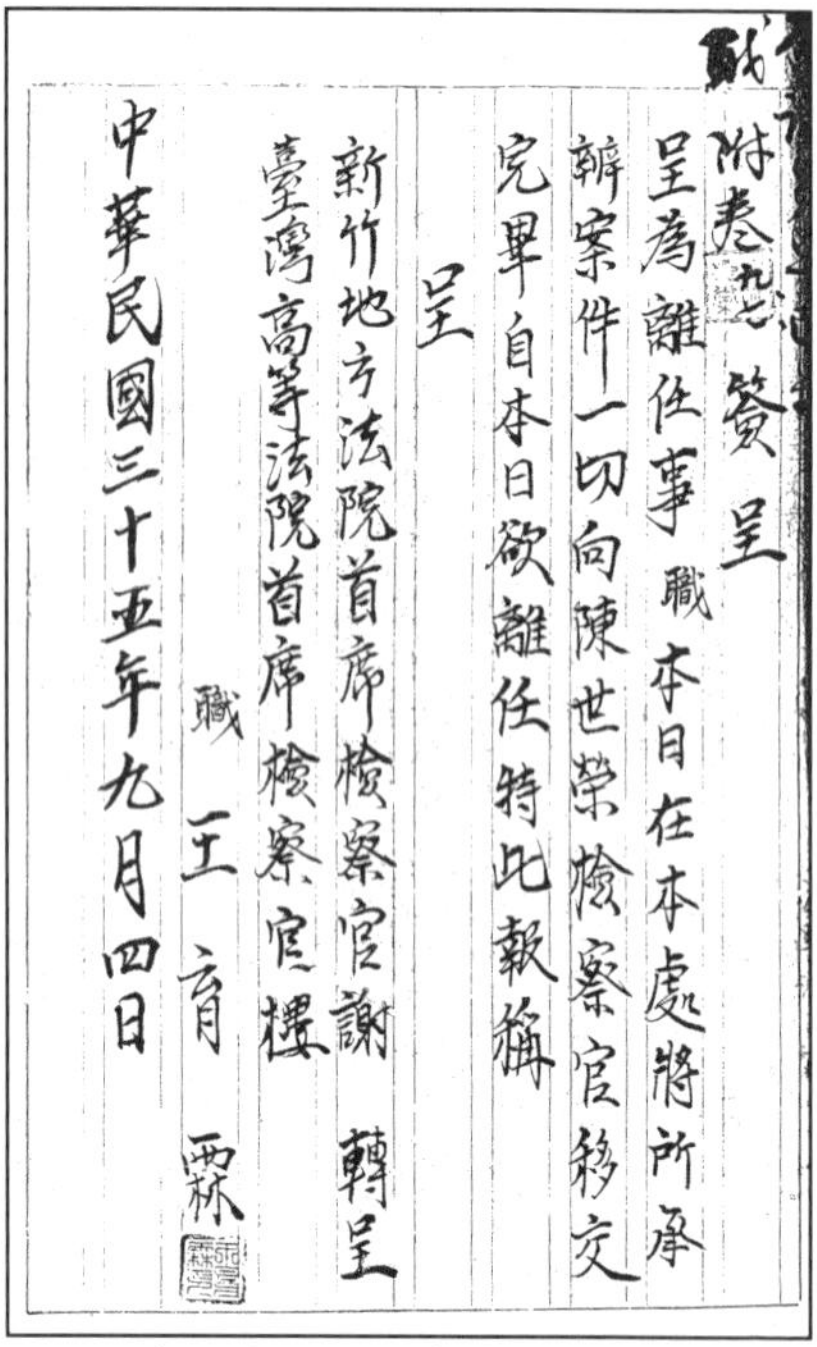

附卷九七 簽呈

呈為離任事 職本日在本處將所承辦案件一切向陳世榮檢察官移交完畢自本日欲離任特此報備

呈

新竹地方法院首席檢察官謝 轉呈

臺灣高等法院首席檢察官楊

職 王育霖

中華民國三十五年九月四日

1946年9月4日、王育霖が新竹地方法院検事を退官にあたり提出した辞表

その後、郭市長は育霖が違法に新竹市政府庁舎を包囲したと虚偽の証言をした。育霖らはわずか一〇人、そのほとんどが二階の総務課室にいたのに、大きな庁舎をどうやって包囲することができるだろうか。

郭市長は、さらに台北の上司に対して、育霖はその場にいた連合国救済復興機関のハーシー（Hirschy）医師を侮辱したと誣告したのだ。この時の状況について、アメリカ領事館副領事のジョージ・H・カーは、この直後「医師はちょうど市政府を離れようとしたところで、王検察官とはすれ違っただけで会話はしておらず、どうやって侮辱できるのか」と訴えている。ところが、上層部からは育霖を辞職させようという圧力がかかったのである。

憤慨した育霖は潔く辞表を提出し、一九四六年九月四日、担当していた事件すべてを新任の検事、陳世榮に引き継ぎ退官した。

ジョージ・H・カーは、王育霖が彼に宛てた二通の英語の手紙を保管していた。同年九月一八日、育霖はその手紙に「私は司法の独立を主張する。ならびに法を犯した者、悪事の限りを働く政府職員を積極的に起訴していく。権力を掌握している上司には反対されたが、台湾人は称賛してくれた。最終的に辞職に追い込まれたが、私は後悔していない。なぜなら、私は自らの責任を精いっぱい果たしたからだ」と記している。

育霖は〝貪官汚吏〟の処罰を貫き、検察官の職位を退いても、少しも悔やむことはなかった。当時の台湾の裁判官や検察官で、これほどまで正義を貫いた人はほとんどいなかったであろう。

王育霖は利による誘いに乗らず権力を恐れず、法律を堅持し正義を守った、間違いなく尊敬される「公正無私の検察官」である。さすがは東京帝国大学法学部で教育を受けた人物であり、一人の司法官として、しかるべき品格を守り続けたのだ。

台湾司法改革への志

新竹地方法院の代理首席検事、張光祺についても言及しなければならない。

張光祺は王育霖に「新竹鉄道警察汚職事件」「新竹市長郭紹宗汚職事件」を担当させたが、あろうことか、上司は張光祺に育霖を辞職させるよう迫ったのである。上からの圧力と自身の良心との板挟みとなった張光祺は苦悩し、また激しく憤った。もともと健康状態が芳しくなかった張光祺は、恨み、悲しみをつのらせながら、一九四六年一〇月二八日に亡くなった。三四歳の若さであった。

彼は遺書を残し、そこには「新たな台湾を建設することが新中国建設の基礎になると考え、台湾へ赴任し台湾の同胞と協力した。不幸にも新竹鉄道警察汚職事件、新竹市長郭紹宗汚職事件の告発以来、上層部および各方面との考えに大きな隔たりが生まれ、心労が重なり、病に冒されることとなった。私はまもなく鬼籍に入るが、志のある人々が努力してくれることを切に望む」と記している。

張検事が育霖のために上司に弁解をし、結果、上司とのあいだに軋轢が生じたことは明らかだ。また、外省人の友人は、なぜ外省人の事件を調査処理しようとするのかと彼を責めたという。張検事は台湾の司法の正義のために憤死したのである。台湾人にとって、敬服に値する人物である。

七十数年後の台湾ではすでに、外省人と本省人で区別をしない。ただ残されているのは「仮にあなたが、台湾のこの土地、そして台湾を愛する民主主義と自由を認めるのであれば、あなたは台湾人だ。しかし、仮にあなたが壮大な中国のみを愛し、台湾人の人権を顧みないのであれば、あなたは中国人だ」ということのみである。

新竹地方法院を離れた育霖は、台北で弁護士として活動していくことにした。しかし、規定により裁判官、検察官など司法官は離職後、一年間以上の期間を経ないと弁護士に転身できなかった。

大先輩にあたる林茂生（前列右から４人目）を迎えた「赤榕會（東京帝大台湾校友会）」の会合（1942 年 1 月 13 日）。王育霖も出席した（後列右から５人目）

台湾大学文学院学院長の林茂生博士は、陳仙槎の親戚であり、東京帝国大学文学部哲学科を卒業、アメリカのコロンビア大学に留学し、哲学博士の学位を台湾人では初めて取得した人物であり、育霖の先輩でもあった。林茂生が『民報』（訳注：日本統治解放直後の一九四五月一〇月、台湾人の手により創刊された新聞で当時のほかの〝官製メディア〟とは一線を画し、リベラルな主張を展開した）を創刊してから、まだ一年経っていなかった時期に、助けを借りたいと育霖に声をかけたのであった。

こうして育霖は『民報』の法律顧問となり、同社の法律問題への対応だけでなく、「紙上法律顧問」という欄を設け、無料で読者の法律に関する質問や相談に回答した。育霖は法律知識の普及や、司法改革の必要性を

本報創設

法律顧問

免費解答讀者質問

本報爲服務讀者起見，特創設報上法律顧問欄，聘請日本東京帝大法學士前新竹地方法院檢察官王育霖氏負責主持。凡有關法律問題　讀者可自由免費投函本報質問。但須具體簡潔寫明問題要點。對讀者質問每星期一次以公開方式在報上解答，恕不直接答覆。希望讀者諸位多多利用是爲至盼。

『民報』紙上で王育霖が読者の法律に関する質問に回答する「法律顧問」欄新設の告知

痛感していたのである。

育霖は同紙で社説を執筆したほか、王銘石のペンネームで「何謂法治國？（法治国とは何か？）」（二〇四ページ参照）、「法律是打不死的（法律は打ち負かされることはない）」（二〇七ページ参照）、「報紙負責人的法律責任（新聞社責任者の法律責任）」（二〇九ページ参照）などの論説も執筆した。

新竹地方法院における育霖に対する処遇、あるいは台湾において、しばしば法律が遵守されず、また司法が尊重されない状況に、多くの裁判官、検察官、そして弁護士たちが憤慨していた。この当時、育霖と法曹界の人々は、台湾全島レベルの会議を招集、台湾の司法問題について討論し、状況を改善するため認識の共有を図るとともに、司法官の職務執行に国民党政府が干渉しないよう要求した。

こうした呼びかけが、当局に一九四六年一二月二二日から二六日まで五日間にわたる「台湾省司法会議」を開催させるきっかけとなった。司法における各種の問題について全面的な討論は行なわれたものの、政府の司法への干渉、介入を排除するという核心的な問題についての決議までには至らなかった。

陳仙槎の二番目の兄、陳温而は依然、問題が改善されていないことに不満を募らせていた育霖に対し「そんなに衝動的になるな、日本人の時代と中国人の時代とでは異なる。日本人は事の是非を論じることができるが、中国人は道理をわきまえない」と諭した。しかし、育霖は「仮に私が言わなかったら、誰が言うのですか」と聞き返したのだった。

この頃、台北の建国中学で校長に就任した陳文彬の依頼で、育霖は同校で英語と公民を教えた。さらにその後、延平学院でも教鞭を執った。李登輝・元総統も当時、延平学院で助手を務めており、この時期の育霖の状況をよく理解していた。

一九四七年一月一日、『中華民国憲法』が国民政府により公布され、同年の一二月二五日から施行されることになった。この憲法は台湾の人々に強い期待を抱かせ、憲法施行が法治による社会づくりに寄与するだろうと考えた。

この時、育霖は、よい法律を制定し、人々の権利を守るための手助けをするために、立法委員選挙に立候補することも考えていた。育霖は「台北市人民自由保障委員会」にも加盟、人々が擁すべき言論の自由と法律の保障を勝ち取ろうとした。

育霖は『提審法解説（提審法の手続き）』を著し、一九四七年一月一五日、台北市人民自由保障委員会から出版した。同書は中国語と日本語で、比較的平易なわかりやすい文章で書かれていた。「提審法」はもともと、一九三五年六月二一日に国民政府が公布したが、戦争などの理由により、一九四六年三月一五日になってようやく施行され、人々の権利と自由を保護するために定められた。

当時の「中華民国訓政時期約法」第八条には「人民が犯罪の嫌疑により逮捕拘禁された時は、その逮捕拘禁機関は逮捕拘禁の原因を書面で本人および本人の指定する者に告知し、二四時間以内に管轄法院に送致し、審問に付さなければならない。本人または他人も管轄法院対し、二四時間以内に逮捕機関から提出して審理するよう申請することができる」と定めていた。「提審法」はこうした「提審」の手続きの法律である。

この『提審法解説』は「提審法」について、詳細かつ緻密な分析がなされ、実際に遭遇する問題を列挙している。育霖は「提審法というこの機能が発揮できるか否かは、実際に人々を逮捕、拘禁できる機関に法を守る精神があるか否かにかかっている」と結論づけている。

李勝雄弁護士は、本書の序文で自身の専門的な知見をもとに『提審法解説』を非常に高く評価している。筆者が絶対に受け入れがたいのは、軍当局機関が王育霖を逮捕したあと、法に基づいて裁判に付すことなく、処刑して遺体を遺棄したことだ。「提審法」を啓蒙していた一人の人間が、あろうことか「提審法」を遵守しない軍人および特務機関によって手にかけられたのである。国民党政府には法も人道もなかった、このことに間違いはない。

育霖が新竹を離れて、台北で新たな職務に就こうとしていた時期、陳仙槎は二人目の子がすでに妊娠七か月だった。仙槎は出産に備え、台南県官田郷の自身の実家に戻り、母親に面倒を見てもらっていた。一九四六年一二月中旬に生まれた次男、克紹は色白で太っており、筆者よりもはるかによい身体つきをしていた。

育霖は妻、長男、そして生まれたばかりの次男の様子を見に、しばしば台南に戻ってきており、一九四七年一月五日には、弟、育徳の結婚式に

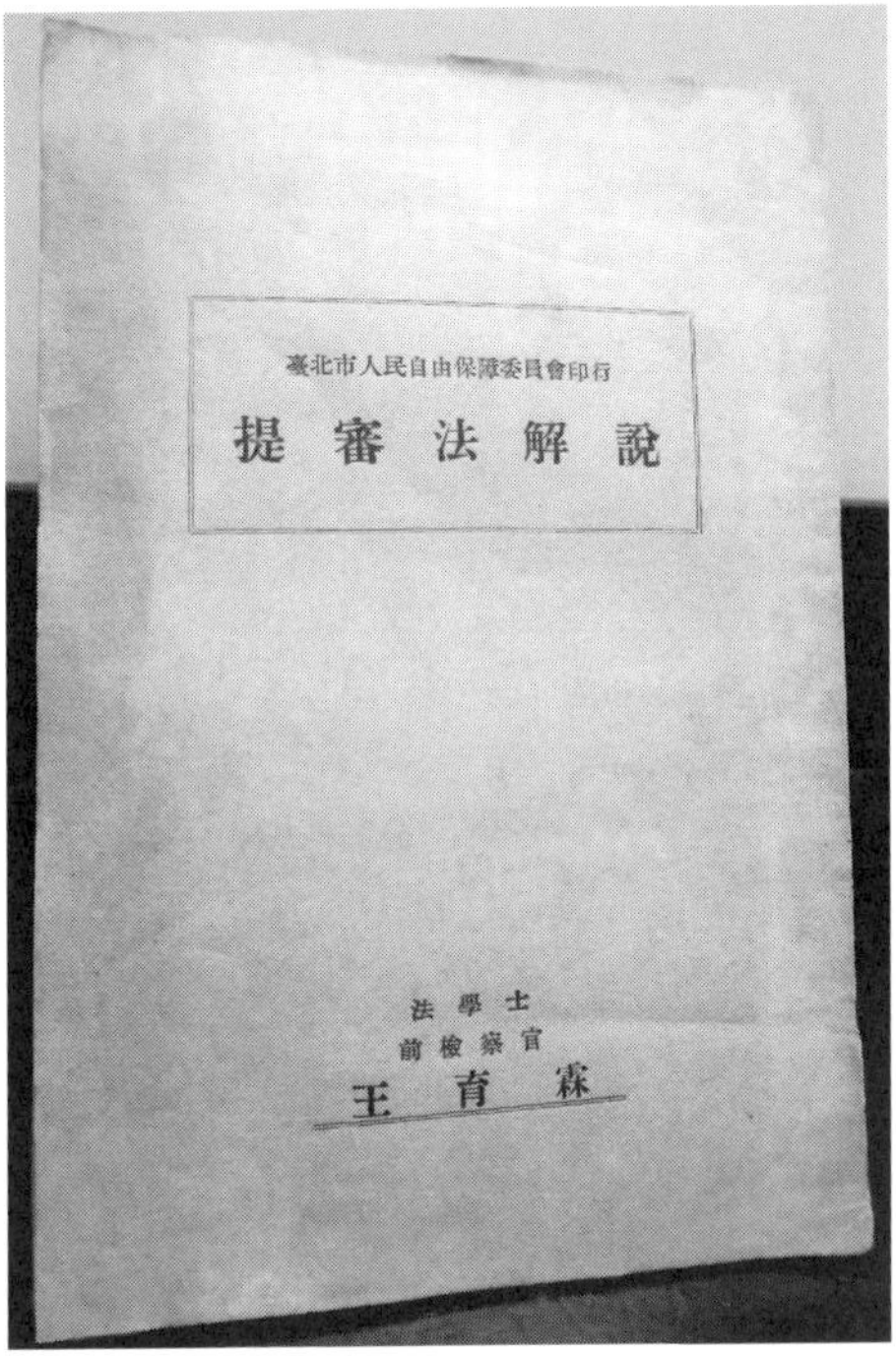

軍や警察による不当逮捕や人権侵害などを問題視していた王育霖は、刑事事件における適正な法律運用とその手続きについて考究、解き明かした『提審法解説』を著した。写真は雲林県西螺鎮の元・鎮長（町長）、故・李應鏜氏が所蔵していた現存する唯一の冊子である。

も出席した。育霖は弟に嫁いできた林雪梅に「僕は小さい時から、阿徳（徳ちゃん、育徳）のことを常に気にかけてきた。自分のそばにいさせて、守ってやりたいと思っていたが、学年が四つ離れているので、学校では常にすれ違いで一緒に通うことができず、付き添ってあげることはできなかった。阿徳が家庭を築くことができて、これからは君が彼のそばにいてくれる。肩の荷が下りた気がするよ」と伝えた。この言葉からは、育霖が弟のことをどれほど気にかけ、面倒を見てきたかがうかがえる。

陳仙槎は克紹を産んで二か月後、一九四七年二月二一日、筆者と生まれたばかりの弟を連れ、台北にやってきて育霖と再会した。だが、まさかこの一週間後に「二・二八事件」とそれに続く「大虐殺」が起こるとは知る由もなかった。

訳注1：弁務署は台湾総督府が設置した地方の役所に相当する行政機関で警察権を有していた。一九〇一年に廃県置庁により廃止。
訳注2：一八九六年に台湾総督府が台湾人の宥和・人心掌握政策の一環として制定した記章。
訳注3：保甲は警察下部組織の地域行政機関で保甲局はこれを指揮監督する庁の部局。
訳注4：この年次は本来、一九四四年三月卒業予定であったが戦時中の在学・修業年限短縮によって六か月早く繰り上げ卒業となった。
訳注5：現在の司法修習生に相当。司法官試補の修習期間は一年六か月。

訳注6：昭和一八年一〇月五日発行の『官報』第五〇二〇号には「王育霖　司法官試補ヲ命ス　京都地方裁判所及同検事局竝京都區裁判所及同検事局ニ於イテ事務修習スヘシ」と発令（一〇月一日）が記載されている。ただし、ここに記載のほかの司法官試補の辞令には「年俸千圓下賜」とあるが、王育霖の辞令にはそれがない。また、昭和一九年七月一〇日発行、財団法人法曹会刊『司法部職員録』には「京都區裁判所検事局 検事代理（無給）王育霖」と記載されている。一方、昭和一九年六月七日発行、臺灣總督府編／臺灣時報社刊『臺灣總督府及所属官署職員録』には「法務部民刑課　嘱託　年俸一、〇〇〇圓　司法官試補　王育霖」と記載されており、俸給は台湾総督府から支給されていたことがわかる。ほかの資料などによると、当時、台湾の裁判所などで勤務する司法官は、内地で修習後、予備判事や予備検事として一定期間勤務してから台湾の法院へ赴任する事例が多かったとあり、これらから王育霖の司法官試補採用にあたっては、修習後は台湾へ赴任することが前提もしくは条件だったのではないかと推察できる。また、一九四五年四月に台湾にいる弟の王育徳へ宛てた手紙の中に「六月赴任帰台し…（中略）…時局はそれを許さなくなった」と記しており、戦局の悪化などの理由で台湾へ赴任できなくなったことがわかる。

訳注7：昭和二一年三月一四日発行の『官報』第五七四八号には「豫備検事（京都）王育霖　補京都地方裁判所検事兼京都區裁判所検事　九級俸下賜（以上三月八日同）」と記載されている。この発令時には後述のとおり、王育霖と家族は台湾へ帰還しており、日本に不在にもかかわらず辞令が発令された理由、また、離日にあたり王育霖が、どのような手続きなどを経て京都地方裁判所を退職したのか、それを確認できる公的な文書や記録がないため不明である。

第三章　「二・二八事件」の実相

台湾全島に拡大した騒擾事態

一九四七年二月二七日の夜、台北市大稲埕（現在の大同区付近）の盛り場で〝闇たばこ〟の密売を取締中の専売局の係官と警察官が、行商人の女性、林江邁から闇たばこを没収しようとしたところ、見逃してくれるように取りすがる同女の頭部を銃床で殴打し流血させる暴行を加えた。周囲にいた群衆はこれに憤慨し、激しく抗議すると、警察官らは威嚇発砲し、騒ぎを見ていた陳文渓に被弾、死亡させてしまった。

この事件をきっかけに市民の怒りが爆発し、警察局と憲兵隊に対し人々を傷つけた元凶を逮捕するよう求めたが、聞き入られなかった。そのため翌二八日、市民が集結し抗議デモが始まり、同日午後、群衆はドラを鳴らしながら行政長官公署に押しかけ、行政長官兼警備総司令の陳儀に、犯人を処罰すること、専売局の免許取り消しなどを要求しようとした。これに対し、衛兵が発砲、多数の市民が死傷する事態となった。

海軍台北弁事処が「衛兵により八、九人が射殺された」と発表したことから、抗議デモはさらに激化、この日以降、放送局が占拠され、ラジオの電波によって蜂起が呼びかけられると、台湾全土でデモ、ストライキなど、悪政への抗議・抵抗運動に拡大した。さらに、この混乱に乗じて本省人による外省人への暴力行為、左翼分子による武装闘争の組織化などの動きもあったとされ、これが陳儀の強圧的な対処を正当化する理由になったともいわれているが、実態は本省人への暴力による報復だった。

国民党政府はこの騒擾事態に常軌を逸した手段により対処し、当然ながら、それは台湾人からの強烈な反発を生むこととなったのである。

二・二八事件発生の少し前、一九四七年二月一〇日の時点で蔣介石は陳儀に対して、「報告によると、共産党の一味はすでに台湾に潜入し、少しずつ活動を始めているという。この件については、とりわけ厳しく対処しなければならない。将来に災いを残す一つの細胞たりとも残すな。台湾は大陸の比ではない、行政長官は自ら臨機応変に処罰できる」と命じていた。

蔣介石からこのような権限を与えられていた陳儀は思いのままに悪事を働いたのである。二月二八日午後六時、陳儀は台北市に臨時戒厳令を布告、南京にいた蔣介石に電報で群衆によるデモの状況を伝えた。

当時、陳儀の侍衛（警護・警備官）を務め、文書の受領と発送を担当していた舒桃は、一九九五年に「蔣介石は翌日、ただちに返電し、陳儀に対して『禁令を犯した者は誰でもその場で殺しても殺人罪には問わない』『誤って百人殺すのは構わないが、誤って一人を逃してはならない』と命じた」と証言している。これは蔣介石が台湾人に対して、残虐な手段で向かい合おうとしていたことをはっきりと示している。

蔣介石元総統に関する史料『蔣中正総統檔案（通称、大渓檔案）』には、次のような記述がある。

「一九四七年三月十一日、国民党の中央執行委員会調査統計局は、蔣介石に対し『九日、十日の両日、国軍は続々と到着、警察および警備総司令部の下士官はただちに報復行動を開始し、暴徒を殴打、逮捕すると、台湾の民衆は恐慌をきたした。台湾省党部調査統計室は、これまで警備総司令部に対し、この機会に乗じ暴徒を滅ぼすとともに、名簿を提出すべきと提案した。警備総司令部は十日夜から行動を開始し、市内のならず者を粛清している』と報告した」

この記述は、二・二八事件には大きく分けて二つの実相があることを示している。一つは、蔣介石の軍隊は一九四七年三月九日から台湾へ大規模に上陸し、台湾人に対する「報復行動」を開始し、非情な虐殺を行ない、台湾人は「異常な恐慌をきたした」ということと、二つ目は中国国民党台湾省党部が作成した台湾人エリートの「名簿」をもとに、三月一〇日夜から対象者たちの逮捕、殺害が始まったということである。

さらに「名簿」という言葉からは、限られた者を一枚程度の紙に記したリストではなく、対象者を大量にリストアップしていたことがうかがえる。そして「この機会に乗じて暴徒を滅ぼす」という言葉は、国民党が二・二八事件の混乱に乗じ、無辜の台湾人エリートを殺害したことを証明している。

国民党軍は台湾に来たばかりで、台湾の内情に明るくなかったため、誰が台湾人エリートであるかを知っていたのは国民党

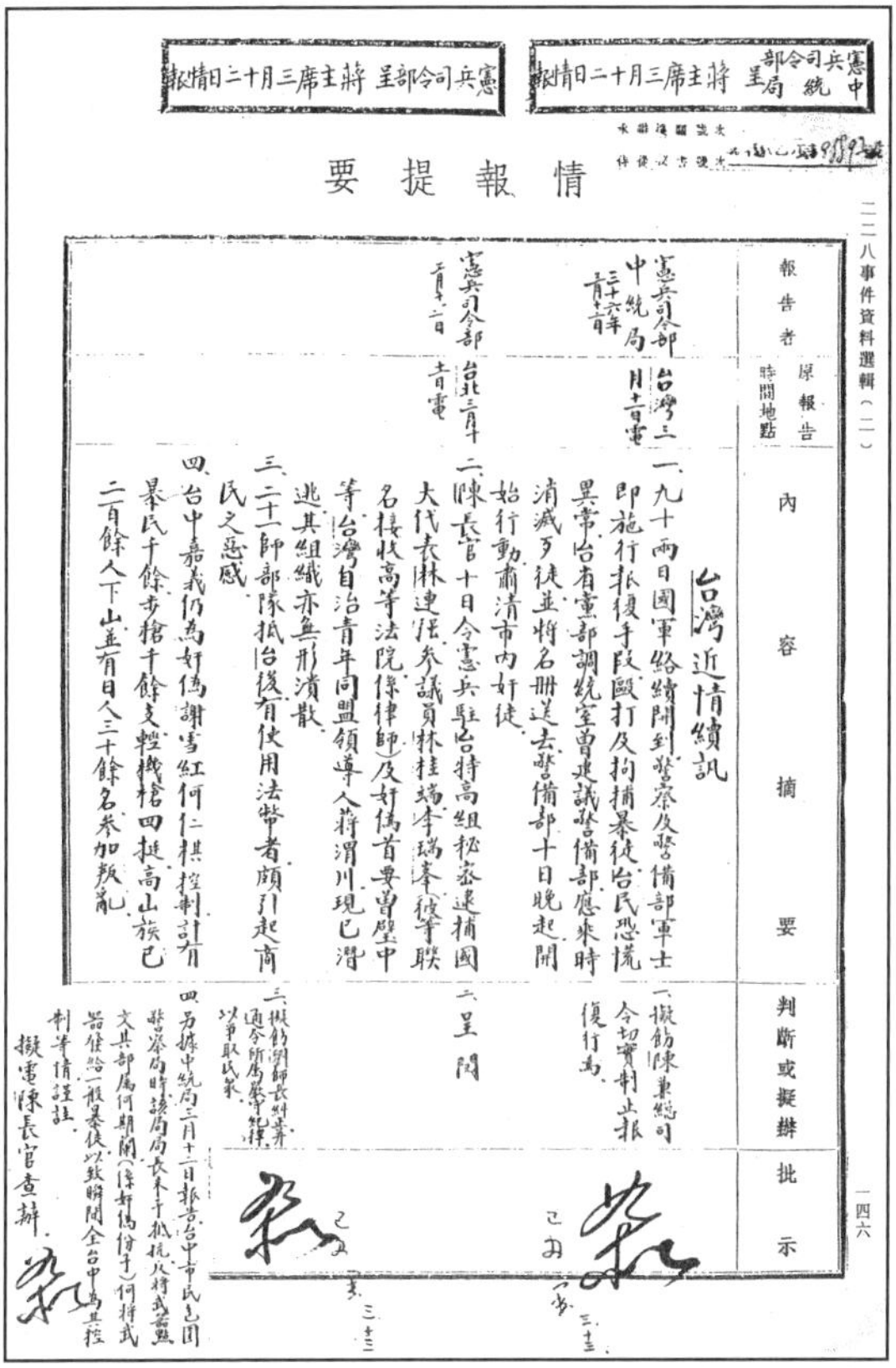
憲兵司令部 呈蔣主席三月十二日情報

中統局 憲兵司令部 呈蔣主席三月十二日情報

情報提要

二二八事件資料選輯（二）

報告者	原報告時間地點	內容摘要
憲兵司令部 中統局 三十六年三月十二日	台灣三月十一日電	台灣近情續訊
憲兵司令部 三月十二日	台北三月十一日電	一、九十兩日國軍絡續開到警察及警備部軍士即施行報復手段毆打及拘捕暴徒台民恐慌異常台省黨部調統室曾建議警備部應乘時消滅歹徒並將名冊送去警備部十日晚起開始行動肅清市內奸徒 二、陳長官十日令憲兵駐台特高組秘密逮捕國大代表林連宗參議員林桂端李瑞峯（彼等聯名控告高等法院係律師）及奸偽首要曾璧中等台灣自治青年同盟領導人蔣渭川現已潛逃其組織亦無形潰散 三、二十一師部隊抵台後有使用法幣者頗引起商民之惡感 四、台中嘉義仍為奸偽謝雪紅何仁棋控制計有暴民千餘步槍千餘支輕機槍四挺高山族已二百餘人下山並有日人三十餘名參加叛亂

一四六

1947年3月12日、在台湾の憲兵司令部から蔣介石へ宛てた報告書。3月9、10日からの国軍、警察および台湾省党部警備部による「即施行報復手段」「拘捕暴徒」「台民恐慌」「粛清市内奸徒」などの記述がある。

台湾省党部の「半山（中国大陸で一定期間暮らした後に戻ってきた台湾人）」だけだった。国民党は台湾人エリートの〝処断〟は非合法な殺人だと知っていた。そのため遺体を遺棄、あるいは逮捕したことを否定する必要があったのである。

一つ目の実相については、蔣介石は台湾人がなぜ抵抗するかを理解できず、どうにかして騒擾事態を解決しようとしたことが背景にある。

一九四七年三月三日、蔣介石は江蘇崑山の駐留軍に台湾へ向かい反乱を鎮圧するよう命じた。参謀総長の陳誠も三月五日、すでに蔣介石の指示に基づき、陸軍第二一師団を急いで台湾に派遣するよう命令したことを報告している。

蔣介石は三月八日、九日と二日連続で、第二一師団長、劉雨卿を呼び寄せ、いかにして台湾人を鎮圧するかについて自ら指導した。三月九日午後、劉雨卿は南京から専用機で台湾に到着すると、すぐさま陳儀に面会、蔣介石から直接、かつ詳細に申し渡されたすべての指示を伝達した。これは台湾人を鎮圧する秘密指令だった可能性が高い。

三月八日、蔣介石は電報で陳儀に対し「今はまず台北、基隆の二か所の交通、通信を統制し、防御を固め、救援を待つ準備をせよ。台南（台湾南部）は高雄と左営を堅守し、決して失ってはならない。数日内に大型揚陸艇二隻を台湾へ派遣するが、これを沿海各港湾との連絡および輸送用に用いることができる。基隆、台北の状況については毎日、朝、正午、夕方と三回報告しなければならない」

と伝えた。

蔣介石からの詳細な指示があったこと、および一日三回の報告を求められたのは、この台湾への派兵という軍事作戦は蔣介石が企図したことを示すものだ。

蔣介石の軍隊は基隆と高雄から上陸し、台湾各地へと向かった。台中と嘉義ではわずかな抵抗を受けたものの、軍隊は抵抗しない群衆に対しても無差別に殺戮を展開した。

三月三一日、蔣介石は日記の中で得意げに「台湾全省各都市は暴徒、共匪による脅威に直面し、反乱の状況はきわめて深刻であった。よくぞ計画どおりに対処し、順次、平定することができた」と記している。蔣介石の謀略ははっきりと成功を収めた。血なまぐさい虐殺によって台湾人を「震撼」させることで、台湾人は二度と反抗しようとはしなくなったのである。

さらに、二つ目の実相、台湾人エリートの逮捕、殺害については、三月六日、陳儀は蔣介石に騒擾事態への対処について長文の報告を送り、その中で「台湾赴任後、日本時代の御用紳士などを徹底的に排除している。台湾の兵力は比較的充足しており、この件（訳注：日本の教育を受けた台湾人エリートの反乱への関与）はまだ拡大には至っていない」と伝えている。

恐るべきことに、陳儀は一九四五年一〇月に台湾に到着するやいなや、すぐに台湾人エリートを「徹底的に排除」しようと決意していたのだ。これは国民党が早い段階で台湾人エリートを殺害しようと企んでいたことがうかがえる。残酷で非道であることは否定しようがない。

三月一一日、陳儀は電報で再度「徹底的に悪党、倭奴（日本人の蔑称）による禍根を排除する予定である」と強調した。「日本時代の御用紳士」および「悪党、倭奴による禍根」とは、いずれも日本による教育を受けた台湾人の知識層を指す。

記者の呉濁流は著書『台湾連翹』の中で、一九七三年末、かつて国民党の省党部指導員を務めた彭徳向が彼に向かって「二・二八事件で逮捕されたブラックリスト上の台湾人は二百人あまり……。重慶から戻ってきた半山たちが手を下した。劉啓光、林頂立、游彌堅、連震東、黄朝琴らだ」と漏らしたと記述している。

呉濁流は「このブラックリストがあったがために、悲劇的な歴史が生まれ、美しきフォルモサ（ポルトガル語で「美しい島」の意）に血が流された」と悲痛な心情を語っている。この記述も国民党台湾省党部の「半山」たちが作成した名簿が二・二八虐殺事件で多くの台湾人エリートたちを死に追いやったことを明らかにしている。

虐殺の〝首謀者〟

国民党台湾省党部主任の李翼中は本来、三月六日に飛行機で南京へ向かい、陳儀の手紙を携え、蔣介石に二・二八事件の状況を直接報告し、台湾への派兵を求める予定だった。しかし、六日に南京への便がなかったため、七日に出発することとなった。

台湾人エリート二百人あまりを殺害する重大な行為を計画したからには、李翼中は南京に向かう前の三月六日あるいは、それ以前に台湾省党部が作成した台湾人エリートの名簿を陳儀に手渡し、逮捕するように求める必要があった。

これは陳儀が李翼中の南京行きに合わせて、三月六日に軍統局によって特別行動隊（別動隊）を組織、三つの大隊に編成、ならびに林頂立を派遣し、別動隊司令に、陳逸松と劉明を副司令に任命するなど、逮捕および殺害実行の準備を急いでいたことを裏付けている。

警備総部の参謀長、柯遠芬は口述記録の中で「三月九日、陳長官が全省に戒厳令を発布後、憲兵団長の張慕陶が主になってこの件を担い、台湾警備総司令部調査室、軍統局台北站の支援のもと、策動者のリーダーを逮捕するよう命じた」「被疑者の逮捕は、軍統局の林頂立が組織した特別行動隊、および張慕陶の憲兵団が組織した特高組が担い、協議後、迅速な行動を起こした」、さらに「しかし、陳長官は逮捕者リストを張慕陶へ手渡すにあたり、記載された部署以外の職員には告げないように言い聞かせ、さらに陳長官は直接、蒋介石に対する責任を負うと述べた」などと説明しており、陳儀が軍統局の別動隊と憲兵団による特高組によって、台湾人エリートを逮捕させ、それが蒋介石に報告されていたことを明らかにしている。

国民党は三月一〇日の夜から対象者の逮捕を始めた。王育霖は二・二八事件の騒擾には加わっていないため、避難する必要はないと考えていた。しかし、三月一四日に台北の自宅で逮捕、連行されると、二度と戻ってくることはなかった。

公務執行の際、憲兵や警察官は制服着用が原則である。しかし、育霖を逮捕した憲兵、警察官は中山服を着用していたことからも、不当逮捕であることは明らかだ。制服を着用できなかったのである。逮捕から一週間後、育霖は人に託して妻の陳仙槎に助けを求めるメモを送った。メモは憲兵第四団の名入れ便箋に記されており、このことから憲兵第四団によって逮捕されたことが判明している。

欧陽可亮（訳注：中国語教育者、甲骨文研究者。二・二八事件当時、台北の大学や中学校などで教鞭を執っていた）は育霖とともに捕らえられていたが、三月末に釈放された。欧陽可亮は、その時点では、ほかの人たちはまだ処刑されてはなかったと証言している。注目すべきは、三月一一日、陳儀はただちに、すでに逮捕した被疑者のリストを蔣介石に送り、蔣介石にどのように処置すべきか指示を求めていることである。

三月一三日、陳儀は再び新たなリストを送り、資料をもとに告発と新たな逮捕者を加えたほか、「台湾は戦闘区域ではないため、軍法を適用することができない。しかし、司法の手続きには時間がかかり、かつ台湾の状況は特殊であることから、犯罪者を厳しく罰し、混乱の根源を壊滅させるため、一時的に軍法を適用することについての指示を仰ぎたい」として、蔣介石の決裁を求めた。

この時点で逮捕した者たちを殺害していなかったことがはっきりしている一方、陳儀は蒋介石に対し、戒厳法に反して軍法によって彼らを処罰しようと提案したのだ。蒋介石はこれに何も返信しなかった。まもなく台湾に赴く、国防部長の白崇禧に対処させようとしたのかもしれない。

白崇禧は二・二八事件発生時、台湾において軍最高ポストの国防部長であった。一九四七年三月八日、白崇禧は中国山西省の太原を視察中だったが、緊急に南京へ呼び戻され、その晩、蒋介石と会見した。主な協議内容は台湾人の抵抗にいかに対処するか、艦船の移動、補給の手配および台湾へ赴き、民衆に対する〝宣《せん》撫《ぶ》〟に関してであった。

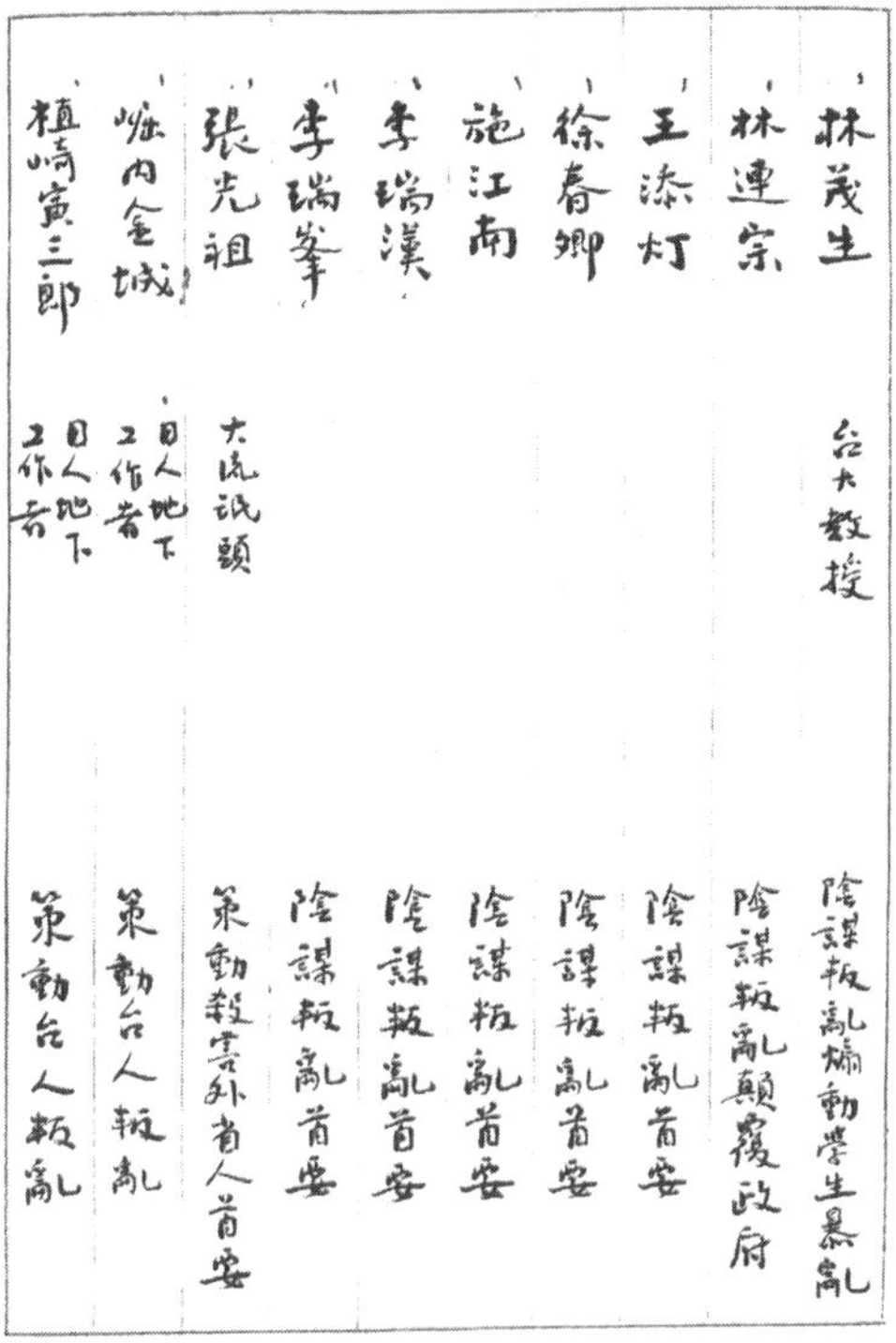

林茂生	台大教授	陰謀叛乱煽動学生暴乱
林連宗		陰謀叛乱顛覆政府
王添灯		陰謀叛乱首要
徐春卿		陰謀叛乱首要
施江南		陰謀叛乱首要
李瑞漢		陰謀叛乱首要
李瑞峯		陰謀叛乱首要
張光祖	大流氓頭	策動殺害外省人首要
堀内金城	日人地下工作者	策動台人叛乱
植崎寅三郎	日人地下工作者	策動台人叛乱

台湾人エリートたちの逮捕は３月10日夕から開始され、行政長官兼警備総司令、陳儀はその翌日から蒋介石に逮捕者の処置について裁可を求めるリストを送った。「堀内金城、植崎寅三郎・日人地下工作者・策動台人叛乱」の記載があり、台湾に残っていた日本人が犠牲になったことがわかる。

蔣介石は二・二八事件にともなう大虐殺発生前に、すでに多くの台湾人が殺害されていたことから、台湾民衆への宣撫工作が必要であることを知っていたのである。

白崇禧は三月一七日正午、蔣介石の息子、蔣経国をともない台北に到着すると、当日夜のラジオ放送を通じ「蔣主席の命令受け、台湾へ慰撫《いぶ》にやってきた。私が代表して受難者となった同胞を慰労したい」と述べた。

白崇禧が台湾に到着した時、王育霖はまだ生きていた。大部分の台湾人エリートたちもなお自供を迫られている段階であり、殺害されてはいなかった。台湾警備総部は白崇禧にこれらの被疑者をどのように処置するかについての指示を仰いだ。

白崇禧は台湾人を〝畏怖〟させるため、すなわち騒擾を鎮圧し、そして台湾人を威嚇するために、戒厳法に反し「軍法による裁判」「自ら審理」するよう命じたことを認めている。当時の軍当局の考えは、軍法による裁判は被疑者を思いのままに処刑できるというものであり、大部分の台湾人エリートたちは、何らの法的手続きを経ることもなく、銃殺され遺体は遺棄された。つまり、白崇禧がこうした処刑を命じたのである。白崇禧はさらに三月二〇日、「清郷（粛清）」を始め、抵抗に加わった民衆を掃討、さらに多くの台湾人を殺害したのだった。

蔣介石の手足としてやってきた蔣経国は、台湾に到着した翌日の午後六時三〇分、蔣介石にすぐさま電報を送り「親米派の林茂生、廖文毅と駐台北アメリカ領事館のジョージ・H・カー副領事は本国に銃と資金を提供するよう要請し、アメリカは資金提供について許可した」と伝えた。

駐台北アメリカ領事館の文書などは、すでに機密指定が解除され公開されているが、台湾人が武器や資金の提供を求めた事実、あるいはアメリカがそれらに同意したものはない。林茂生、廖文毅、そしてカーは蒋経国に無実の罪を着せられたのである。白崇禧と蒋経国の目的は表面的には〝慰労〟だったが、実際に行なったことは不法な大量殺人および軍隊を使っての弾圧であった。

受難者の一人、施江南医師の長女は一九四七年五月一三日、「北一女中（台北市立第一女子高級中学）生徒、施玲玉」と記名した陳情書を蒋介石に送った。

蒋介石は彼の参軍処軍務局を通じ「本部の公文書を再確認したところ、施江南に関する件は受理していなかった。所属の各綏靖区および憲兵、警察機関にて逮捕した騒乱を起こした者を調査した結果、施江南はいなかった。さらに事件発生から三月十五日までの期間、台湾全域は混乱状態にあり、悪党、暴徒による怨恨による殺人や狙撃は予防することはできなかった」と回答した。

実際には三月一一日および一三日、陳儀が蒋介石に送った報告に添付されていた二つの被疑者リストには、いずれにも施江南の名前がある。蒋介石が施江南医師の殺害と隠蔽を共謀したのは明らかだ。

監察委員の何漢文は三月二一日、台湾に到着、同じく監察委員の丘念台は三月二七日到着、騒擾事態の調査を行なった。何漢文は『台湾二二八事件見聞記』の中で「軍による大虐殺の後、続いて党、

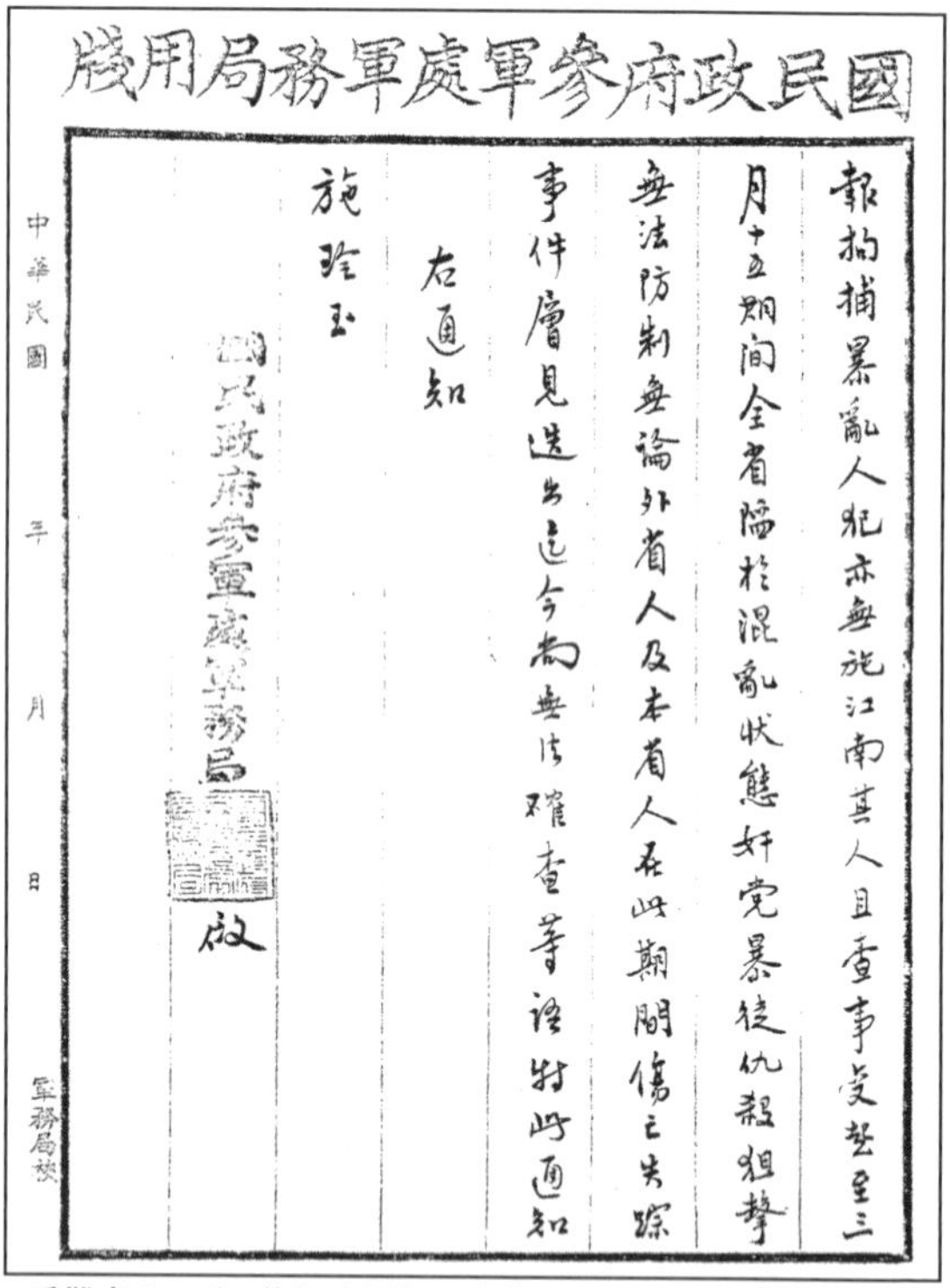

國民政府參軍處軍務局用牋

報拘捕暴亂人犯亦無施江南其人且查事變發生至三
月十五期間全省陷於混亂狀態奸宄暴徒仇殺狙擊
無法防制無論外省人及本省人在此期間傷亡失踪
事件層見迭出迄今尚無法確查等語對此函知

右通知

施珍玉

國民政府參軍處軍務局 啟

中華民國　年　月　日　　軍務局校

受難者の１人、施江南医師の家族が消息安否の確認を求めた陳情に対する回答文書。「逮捕者の中に施江南はいない」としたが、陳儀が蔣介石に送ったリストには、その名前があり、国民党当局の欺瞞が暴かれている。

政府、軍、憲兵、警察合同による大規模な捜査、逮捕が行なわれ、さらに被疑者が秘密裏に殺害された。このように殺害された人の数は千を下らないだろう」と記しており、これは中国国民党が「大虐殺」を行なっただけではなく、率先して秘密裏に実行したと認めるものである。

国民党こそ、大虐殺の〝首謀者〟なのである。蔣介石が派遣した軍隊は台湾人に対する大虐殺を展開し、かつ、台湾人エリート謀殺という暴挙を許可し隠蔽したのである。そして、蔣介石こそが二・二八事件の元凶であるという十分な証明といえるだろう。

なお、二・二八虐殺事件に関する詳細な歴史的資料について、筆者は二〇二三年に中国語の著書『化悲憤為力量—一個二二八遺屬的奮鬥（悲憤の念を力に—二・二八事件遺族の奮闘）』を上梓した。同書には二・二八事件加害者に関する研究、報告を五篇収録している。

惨劇の後も続いた苦難

王育霖が逮捕された日の午後、育霖は人に会うために外出の予定があった。家を出る直前に国民党の兵士らが押し入ってきたのである。

陳仙槎は前日、育霖の財布をもって買い物に出かけ、背広のポケットに財布を戻すことを忘れていた。この一件は長きにわたり、仙槎をひどく後悔させることになった。財布がないことに気づいた育霖に仙槎がこの事情を説明していたために、わずかな時間ではあったが、育霖は家を出るのが遅れてしまった。もしポケットへ財布を戻していたら、育霖はこの災禍から逃れられたかもしれないと考えたからである。しかし、兵士らはそれより前に家の外にやって来ていたのはまちがいなく、逃れようがなかったのである。

のちに台南の王家に帰った際、二人の母親（王汝禎の一人目の夫人洪銓と三人目の夫人蘇揚）は、この件について仙槎を咎《とが》めた。これは仙槎の心をさらに傷つけることになったのである。

育霖が逮捕、連行されたのち、残された仙槎は育霖の行方はもちろん、安否すらわからなかった。そんななか、仙槎はしばしば育霖の夢を見た。いつも夢に現れる育霖は顔が腫れ上がり無残な姿だった。また、ある夜の夢は育霖と林茂生教授が前後の墓に眠り、その左右にタイワンヒノキを二列に植えられ、あたり一面が緑に覆われている光景だった。このような夢は育霖がすでに死んでおり、亡骸を手厚く葬りたいという仙槎の潜在的な心理を反映したものだったのかもしれない。

夫を失ったなか、仙槎の心の拠りどころは二人の息子だった。しかし、また別の恐怖が仙槎の前に立ちはだかった。仙槎は「幽霊がやって来て子供たちをさらっていく夢を何度も見た。子供たちがさらわれる夢でなければ、夫がしどろもどろに何かを語ろうとする夢。毎日、怖い夢を見続けて、私の神経はどうにかなりそうだった」と振り返っている。仙槎は花蓮の張七郎医師の息子で医師をしていた二人も二・二八事件で殺害されたことを知っていたことから、国民党が自分の二人の息子も殺しにやってくるのではないかと非常に心配していたことが、悪夢にうなされる背景にあったのだろう。

育霖の弟、育徳もこの頃、育霖の夢を見たと語っている。育霖の右の後頭部から左の眼窩にかけて、さらに右のこめかみ、二つの穴が開いており、白いシャツが血で汚れている姿だった。そして育霖は育徳に「阿徳（徳ちゃん）、すべて頼んだよ」と言うと消えてしまったという。

半年あまり育霖の消息、安否が不明のなか、台北を離れ台南の王家に戻った仙槎には、また別の惨めな日々が彼女を待っていた。この時、育霖と同じ母をもつ二人の姉はすでに嫁ぎ、二・二八事件から二年後には、身の危険を感じた育徳は日本に逃れていた。台南王家で暮らす男性の親戚は皆、「三婆婆（育霖の父、王汝禎の三人目の妻、蘇揚）」が産んだ子だったため、王家において仙槎は非常に孤独だった。

仙槎はのちに「王家に戻った後、三婆婆にひどくいじめられた。彼女はずっとわれわれ三人を家から追い出せば、出費が減り、財産が増えると考えていた」「夫がおらず、また夫の実の母もおらず、支えてくれる人がないので、王家の中では居場所はなく、存在感を示そうとすることなどもってのほかだった。誰もがわれわれをいじめた」「涙を呑んで日々を過ごしていた。いったい誰がこんな生活に耐えられるだろうか。でも、二人の息子のために私は我慢し耐え続け、王家を離れなかった」と回想している。

夫はおらず、直接的な収入がないなか、仙槎の暮らしは、育霖の財産として分け与えられた不動産からの家賃と地代頼みの日々だったが、価値の低い不動産だったため、これらの収入だけでは生活費を十分に賄えなかった。仙槎は節約に努めたが、時には実家からの援助に頼らざるを得ない時もあった。仙槎は、近所の奥さんたちを相手に美容マッサージや挽面（細い糸を使った産毛取り）などをして家計の足しにしていた。

筆者が子供の頃、よその家にはどこも冷蔵庫があるのにわが家にはなかった。そのため、筆者はすべての蓄えを持って、母方のいちばん年長の伯父、陳幼而を訪ね、冷蔵庫を買いたいと伝えたところ、子供のわずかばかりの貯金ではまったく足らず、結果的には伯父が金を出して冷蔵庫を買ってもらったのだった。

陳幼而は台湾合作金庫の台南支店の支店長を務めていた。伯父は仙槎に貸付を行ない、仙槎はその金を小さな事業者らに高利で又貸しした。なぜなら、事業者らにとっては、銀行から金を借りるよりもこのほうがずっと手軽だったからだ。これはかなりリスクのある行為だったが、幸いにも、伯父が貸付相手をしっかりと見極めたこともあって、仙槎は相応の利益を得ることができた。その後、台湾の景気が落ち込んできたことから、仙槎は再びこうした貸付をすることはなかった。

三人のおじ（仙槎の兄弟）、陳幼而、二番目の陳温而、そして三番目の陳淡而は、いずれも筆者と弟の克紹をとてもかわいがってくれ、旅行に連れていってくれたり、贈り物をくれたりして、父親がいないことの穴埋めをしてくれた。また、育霖の友人たちも訪ねてきて、いろいろと手助けをしてくれた。友人たちとは、かつて司法院の副院長を務めた洪寿南氏、竹東中学の校長を務めた蘇瑞麟氏、さらに台南の陳明清弁護士らである。

仙槎は、ほかの二・二八事件の受難者よりもさらに厳しい境遇にあった。大家族の中で虐げられていたのに加え、育徳が日本で台湾独立運動に参画していたことで、国民党政府による監視や威嚇にさらされることになったのである。

仙槎は「育徳が独立運動に関わっていたことから、私はさらに悲惨な思いをした。救われるものなら、神でも仏でもすがりつきたい思いだったが、もはや頼れるものはなかった。国民党は朝から晩まで私につきまとい監視した。長い間、『廖文毅方式』で脅迫してくるのではないか、つまり私たち家族を人質にして、育徳を帰国させようとするのではないかと憂慮していた」と述べている。

廖文毅は台湾独立運動の先駆者で、一九五〇年、日本へ渡り、台湾独立党を設立、一九五五年には東京で「台湾共和国臨時政府」の大統領に就任した。一九六五年、国民党は彼の家族を逮捕し、死刑判決を言い渡したことから、廖文毅は台湾に戻り、独立運動の放棄を余儀なくされた。国民党の特務機関は仙槎に、育徳へ台湾に戻り、帰順《きじゅん》を促す手紙を書くよう求めたが、仙槎は拒否した。

ある時、筆者の自転車が盗まれたことがあった。すると、すぐに特務機関の職員が一台の自転車を持ってきて仙槎に売りつけた。しかし、その自転車のサイズは子供だった筆者にとっては少し大きかったのだが、それを母は拒もうとせず、また値切ろうともしなかった。こんな手段で、母の懐柔を企てるとともに、小遣い銭を稼ごうとする国民党の特務機関がどれほど下劣であるかがわかる。

仙槎が街の市場へ買い物に出かけ、顔見知りに挨拶をしても、多くの人はあえて知らないふりをした。二・二八事件受難者の家族と関わりになることを恐れたのだった。仙槎の苦難の人生については、本書の第二部「妻、王陳仙槎の証言」に詳述している。

戸籍の上では、育霖にとって二番目の兄である育森と、弟で王家五番目の息子である育徳は「大婆婆（育霖の父・王汝禎の一人目の夫人、洪銓）」の息子ということになっていた。「大婆婆」には、その名義で多くの財産があったため、育森と育徳に分け与えられた不動産は筆者と弟・克紹と合わせた分の一〇倍だった。

日本に亡命中の育徳が所有する不動産を管理することで、国民党から目を付けられ、トラブルの原因になることを恐れ、ほかの親戚たちは関与しようとしなかったことから、これもまた仙槎が担うこととなった。

育徳の不動産に関する案件は、必ず本人と秘密裏に連絡をとらなければならなかったため、主に育霖の四番目の姉の夫、蔡東興に取り次いでもらった。蔡東興は貿易会社を経営しており、台湾と日本を頻繁に往来していたからだ。その後、育徳からお金が要るのでいくらかの土地を売却してほしいという連絡があったのだが、国民党をひどく恐れていた仙槎はためらった。しかし、夫にとって、育徳は最も身近な人であったと思い直し、また、仙槎自身も育徳を尊敬していたことから、一九八五年、育徳が亡くなる前に三か所の土地を売却している。

大部分の金は親類や友人、「銀楼」と呼ばれる両替も扱う貴金属店を通じて「五叔（五番目の叔父）」こと育徳に振り込まれた。一九八七年まで続いた国民党による戒厳令下、台湾独立運動を経済的に支援する罪は非常に重いものだった。当時、筆者はすでにアメリカに留学していたが、仙槎と筆者の弟、克紹が命の危険を冒して送金し、台湾独立運動をサポートしていたことは称賛に値するだろう。

二・二八事件を境に失意の半生を送らざるをえなかった仙槎の心をさらに傷つけ、不満を抱かせたことがある。

それは作家の邱永漢が著した短編小説「検察官」（訳注）である。この小説の主人公の名は王雨新という。小説の冒頭は「王雨新は日本時代、検察官になった最初の台湾人である。東大の法学部在学中に、かなり優秀な成績で高文司法科試験に合格したので、卒業後、司法省に奉職するとまもなく司法官試補を命ぜられ、京都地方裁判所へ赴任した」という文章で始まっている。物語は王雨新が台南出身であり、姉の夫も判事で、また京都と新竹で検事を務め、最終的に二・二八事件で受難者となる。王雨新の発音もまた、王育霖に近いものとなっている。

一般的に人物の物語には二種類の描き方があろう。伝記と小説である。伝記の場合、すでに物語は存在するが、インタビュー、取材や調査によって事実を確認し、真実のストーリーを描かなければならない。また、仮に小説を書くのであれば、作者は想像力を十分に発揮し、読者を感動させるストーリーを編み出さなくてはならない。

一部の映画やドラマ、あるいは小説などには「本作品はフィクションです。仮に事実に酷似した箇所があったとしてもそれは偶然の一致です」などと、わざわざ断りが表示されることがある。実在の人物の物語を描くのであれば、事実に忠実でなければならず、誤りや虚偽がある場合には、道義上、法律上の責任を負うべきである。時にはモチーフになった人物の名誉、社会的地位や評判を毀損《きそん》しかねない問題を引き起こすこともあるからだ。

残念なことに邱永漢は、王育霖という実在の人物を素材にして小説を著すにあたり、事前の許諾や事実の確認を怠った。さらに卑劣といえるのは、読者が物語を真実であるかのごとく受け止めてしまう可能性があるにもかかわらず、邱永漢は小説をより面白くするために、多くの事実でないことを作出したり、あるいは事実と相反することを記したことだ。

その結果、孤独な未亡人であった仙槎は思いもよらないかたちで、精神的な苦痛を受けることとなったのである。邱永漢は〝商売人〟であった。王育霖の知名度を利用したこの著作は日本で刊行され、少なからぬ利益を上げた。しかし、彼には作家としてあるべき職業道徳がなかった。邱永漢は日本でもともと台湾独立運動に参加していた。しかし、一九七二年、より多くの金を稼ぐために国民党に屈服し、台湾に戻った。

彼は廖文毅のように親戚が死刑に処されそうになり、やむなく台湾へ戻ることを余儀なくされたわけではない。邱永漢の人格、品性には誠に落胆させられる。

ある弁護士は、邱永漢を訴えるべきだと言ったが、仙槎は怒りを抑え〝忍耐の人〟だったことから訴えることはしなかった。仙槎が台北に住む縁戚で楊基銓氏夫人の劉秀華氏にこうした不満を打ち明けたところ、劉氏は邱永漢に対し、その不徳義を指摘した。その結果、邱永漢は一九九六年一一月、仙槎に謝罪の手紙を送ってきた。

その手紙で「正義漢であった王育霖さんをモデルに書いたものですが、小説の構成上、書いたことが、奥さんを傷つけるとは予想もしていませんでした。もとより架空の出来事なので、どうぞお気になさいませんように。失礼の段があったことについてはお詫び致します」と記している。

はっきりと育霖をモデルにしたことを認めているにもかかわらず、あれはフィクションだと主張していることには、矛盾があり、また、心から謝罪しようという誠意が感じられない。結果的に彼は人を傷つける小説を書いたのだ。どうして仙槎を傷つけたことを「予想もしていませんでした」などと言えるのだろうか。

訳注：小説「検察官」は『邱永漢　短編小説傑作選　見えない国境線』（一九九四年一月発行、新潮社刊）に収録されている。同書によれば初出は月刊誌『文學界』一九五五年八月号（文藝春秋新社刊）。同書のまえがきの中で邱永漢は「『検察官』は前記王育徳君の実兄王育霖さんをモデルにした小説である」と記している。この小説で主人公、王雨新の妻は「碧珍」という名で登場する。主人公やその妻の人物像は必ずしも善良、清廉ばかりではない一面も描かれている。それが作家の創作だとしても、登場人物のモデルの一人である陳仙槎氏から見れば、小説のストーリー、登場人物の言動や態度などは現実とは大きくかけ離れている、実在の人物をモデルにしているのに、その人への配慮に欠けていると不愉快な気持ちにさせたのであろうことは想像に難くない。

第四章　父の遺志を継いで

アメリカ留学と台湾民主化・独立への願い

王育霖は哀れみの心を持つ一方、強い信念と意志を貫く人だった。育霖は日本人からも尊敬される検察官だったが、自らが台湾人であることは忘れず、できる限り同郷の人を助けていた。育霖は自らの信条、「正しく！ 強く！ そしてすべての人を幸福に！」を具現しようと努力し、「台湾人を苦しい境遇から救い出すこと、これが検察官になる目的だ。そして私の生涯の夢だ」と話していたという。筆者と弟の克紹にはこれほど大きな博愛精神も気概もないが、父のこのような姿勢から学ぼうと努力してきた。

幼少期の王育霖は病弱であったことは前述したが、筆者自身について振り返ってみると、筆者も幼い頃から身体が弱く病気がちで、母はずっと筆者が早世し、大きくなるまで育てられないのではないかと心配していた。筆者は幼稚園に入って、まもなく長期欠席を余儀なくされ、幼稚園には通えず、成功国民学校に直接入学した。

国民学校一年生時も病気がちだったため、母は私を郊外の官田の実家に送り、母方の祖母の下で養生させながら、二年生までは登校しても勉強と遊びが半々といった具合だった。三年生になり台南市に戻ると、勉強の進度に大きな遅れがあることに気づいた。上位だった成績は下位のほうまで落ち、約一年を経てようやく追いつくことができたのだった。中学に上がる頃には、とても健康になり、病気を理由に休むことはなくなった。そして、中学、高校は台南市で最もレベルの高い台南一中で学んだ。筆者は中学から推薦で高校に進学、さらに当時、多くの人が憧れた台湾大学の電機学科に合格した。

当時、電機学科の卒業生の多くは海外に留学していたが、筆者はほかの学生たちのような期待を抱いていなかった。なぜなら、父親が二・二八事件の受難者であるうえ、国民党の特務機関の監視を受けていることをよく知っていたからだ。国民党は、筆者を出国させないだろうと思っていたが、有力者の力添えもあり、私の出境申請は長い時間がかかったのちに受理された。

一九六八年九月六日、筆者はアメリカ留学へ向かった。飛行機が離陸して、ようやくひと安心し、ついに怯える必要のない自由を心の底から感じることができたのであった。

国連の「世界人権宣言」には、言論・表現の自由、信教の自由、欠乏からの自由、そして恐怖からの自由からなる四つの自由が謳われている。筆者がアメリカに到着してちょうど二か月後、アメリカ大統領選があり、リチャード・ニクソンが当選した。思いもよらなかったことに、翌日の新聞の見出しは「The Beginning of Nixon's Era（ニクソン時代の始まり）」ではなく、「The Beginning of Nixon's Error（ニクソンの誤りの始まり）」だった。これこそ真の言論・表現の自由である。一方、台湾では二・二八事件の元凶である蔣介石が民族の救世主と持ち上げられ、その功績、人徳を称えるよう求められていた。

一九七一年一〇月二五日、国連総会で中華人民共和国が中華民国（台湾）に代わって国連における中国代表権を認めるという決議が採択され、国民党は外交上において深刻な打撃を受けた。

台湾人は中国国民党の統治能力を疑いだし、公の場で批判を始めた。海外において、もともと国民党を支持していた台湾の外省人（中国人）の多くは、中国になびき始め、一方、台湾人は大いに覚醒し、在外の台湾人も台湾同郷会および政治的な集会に積極的に参加するようになった。

筆者はフロリダ大学の博士課程で学んでいた時期、台湾同郷会の会長に就任、同郷の人々の手助けとともに、台湾の民主化運動に皆の関心が向くよう働きかけた。しかし、中国同学会は常に国民党党員によって統制され、台湾人で参加する者はわずかだった。

国民党はわれわれの最大の敵であったことから、筆者は台湾人の仲間たちを誘い、中国同学会の年次総会に参加、「反国民党」の学生に投票し、中国同学会の会長の職位に就けるよう支援した。その結果、国民党の党員は得体のしれない「台湾同郷聯誼会」を設立せざるをえなかった。国民党には多くの密告者がおり、筆者の動向も台湾の国民党当局に報告されていた。情報機関もまた筆者の母、仙槎への嫌がらせを始め、さらには「あなたの息子は台湾独立運動家だ、知っているか」と脅した。仙槎は困惑し、筆者のことをとても心配したのだった。

筆者は一九七四年、フロリダ大学電気工学の博士号を取得した。筆者はシカゴに赴き、オランダのフィリップス傘下の子会社、EDAXに勤務、X線発光分光装置の研究、開発に携わった。三年後、筆者はシカゴにあったイギリス企業EMIメディカルに転職、X線CT装置の研究、開発に携わり、人体などの断層画像の撮影を実用化した。

一九七七年夏、筆者の「五叔（五番目の叔父）」こと育霖の弟、王育徳がアメリカを訪問した。育徳がシカゴに到着すると、筆者は育徳を自宅へ招いた。当時、母の仙槎は台湾とアメリカを半年ずつ行き来しており、ちょうどシカゴに滞在中だったことから、たいへん得難い家族の再会となった。

この時、われわれはシカゴで「台湾群衆大会」を開催、育徳はここで講演を行ない、ユーモアあふれる講話は来場者の笑いを誘っただけでなく、台湾人を民主化へ向けた道に導き、台湾独立の理念を説いた。

一九七九年一〇月、筆者はサンディエゴにあるヒューズ・エアクラフトへ転職し、アメリカ空軍および海軍のためにレーザー光波測距儀の研究、開発に携わり、それはロケットや戦闘機の誘導システムに用いられた。

同年一二月一〇日「人権デー」のこの日、台湾では高雄市で一九四八年に国連が採択した「世界人権宣言」に関する記念活動を行なわれたが、国民党はこれを危険視し、多くの台湾民主化運動のリーダーたちを逮捕、いわゆる「高雄美麗島事件」が発生した。台湾人権協会の総本部は当時、サンディエゴにあったことから、筆者も同郷の人々らとともに民主化運動の逮捕者、受刑者の救援活動に乗りだした。

この時期、筆者はサンディエゴが定年後を過ごすのによい場所であることから、もう引っ越しする気にはなれず商売替えをし、主に商業用不動産の売買と管理を行なう「大都会地産公司」を開業した。そして、台湾人が互いに起業の際に助け合うための組織「サンディエゴ台湾商会」を設立、会長に就任した。

これらの事業のほかに筆者は「南カリフォルニア台南一中校友会」の会長を務め、母校、台南一中に恩返しをしようと、二十数年にわたり、奨学金の募金活動と母校卒業生に対する援助を行なってきた（奨学金受領者は毎年四〇名以上）。これらの活動により、二〇一六年、筆者は台南一中から「校友傑出成就賞」を授与された。また、在サンディエゴ台湾人の公益組織「サンディエゴ台湾センター」を設立、ここで役員や董事長（代表責任者）を一〇年以上務めた。

2004年、アメリカで連邦議会議員のディナーに出席した陳仙槎（右から3人目）。筆者をはじめ、多くの在米の台湾人が台湾の独立、民主化のためにアメリカ政界へさまざまな働きかけをしている。

一方、一九七九年以降、サンディエゴで初の台湾語が共通語の教会「サンディエゴ台湾基督長老教会」を開設、この教会建設やその運営などの奉仕活動も担ってきた。

筆者の人生の目標は台湾の民主化、自由および独立のために尽くすことだ。そのため、台湾の未来に寄与する活動にはできるだけ参加し、活動を推し進めてきた。

筆者は「台湾人公共事務会」（ＦＡＰＡ）サンディエゴ支部の支部長に就任、同会は米議会および政府に向け、台湾民主化、独立のための働きかけを行なうとともに、寄付金を募り、連邦議会議員を支援してきたほか、エドワード・ケネディやヒラリー・クリントンのアメリカ大統領選出馬を支援する活動にも参加した。在米台湾人はこれらの活動に多額の寄付をしている。

このほか、筆者は「台湾独立連盟」サンディエゴ支部長および中央委員を長く務め、二〇〇〇年からは「サンディエゴ阿扁（陳水扁）総統選後援会会長（二回）」、「李応元立法委員選サンディエゴ後援会会長」などを務めた。二〇一六年の蔡英文氏の総統選出馬にあたっては「サンディエゴ小英後援会会長（三回）」、二〇二三年には頼清徳副総統の総統選出馬では「サンディエゴ信頼台湾之友会」の責任者を務めるなど、台湾で重要な選挙があるたびに海外および台湾に戻って支援活動を行なっている。

二〇〇〇年、初の政権交代が実現、陳水扁氏が総統に就任した際、筆者は「サンディエゴ台湾外交および僑務研究討論会」を設立し、招集人に就任した。ここでは大学教授や学者そして台湾を愛する人たちによって研究、討論がなされ、「台湾外交および僑務政策の建言」として一冊にまとめ、新政府の参考となるよう陳水扁総統に呈上した。

当時、僑務委員会のメンバーの大部分は親国民党であり、新任の張富美委員長は親国民党のメンバーから攻撃を受け、非常に孤立していた。僑務委員に民進党と立場が近い人々が参加するよう呼びかけがあったことから、筆者も二期六年間、僑務委員を務めた。はじめの数年間、僑務委員会の会議では衝突の場面が何度もあった。われわれは、台湾語教育の増加と国民外交の推進を強く訴えるとともに、僑務委員会の組織運営と実務の改革を提言した。

現在、筆者はロサンゼルスの「アメリカ台湾研究院」の役員とシニア研究員も務めている。この研究院の主な役割はアメリカのシンクタンクに台湾に関する各種データとその分析を伝えることであり、かつて蔡英文博士とシンクタンクの関係者を招き、座談会を開催したことがある。筆者はこのほか、外国の人々に二・二八事件について知り、理解を深めてもらえるよう、アメリカで「台湾二二八虐殺事件教育基金会」を設立した。

筆者は「アメリカ二・二八事件受難者家族帰国団」にたびたび参加し、二月の期間、総統府、行政院、立法院、司法院、監察院、法務部など各省庁を訪れ、二・二八事件の真相究明、受難者の名誉回復などに加え、二月二八日を国の休日とすること、移行期の正義を推進することなどを再三求めてきた。

その結果、一九九五年二月二八日、当時の李登輝総統は初めて、政府を代表して二・二八事件の受難者家族、および全国民に謝罪した。立法院も李総統の同意のもと、三月二三日、「二・二八事件の処理および補償条例」を制定した。そして、二月二八日は「和平記念日」と定められたものの、この時点では休日にはならなかった。その後、一九九七年二月二五日、この実現に向けたわれわれのたゆまぬ努力の結果、ついに国の休日となったのである。

二〇〇三年八月二日、当時の陳水扁総統は「名誉回復證書」を王育霖に授与した。二・二八虐殺事件では、数多くの台湾人の尊い生命と尊厳が奪われ、名誉が傷つけられたからだ。

さらに、二〇〇四年二月二八日の「二・二八—百万人が手をつなぎ台湾を護ろう」運動には、筆者

回復名譽證書

92(228)字第〇五七九號

一九四七年的二二八事件
剝奪了許多台灣人民寶貴的生命與尊嚴
在這塊土地烙下了深刻的傷痕
政府痛感道義責任，願意誠摯反省
決心與人民共同正視歷史真相，正確傳達於後代
建立台灣永遠的和平

王育霖 先生 因二二八事件名譽受損
中華民國政府特頒此證，以回復其名譽

總統 陳水扁
行政院長 游錫堃

中華民國　八月二日

2003年8月2日、当時の陳水扁総統から王育霖に授与された「名誉回復證書」

は台湾へ戻って参加した。国民党に立場が近い〝ブルー陣営〟と民進党に立場が近い〝グリーン陣営〟いずれの政治スタンスを越え、二百万人の台湾人が手をつなぎ、台湾の北から南まで約五百キロメートルにわたって「人間の鎖」を作り、中国のミサイルによる威嚇への強い抗議とともに台湾を守り抜く決意を示した。

当時の李登輝前総統と陳水扁総統は「人間の鎖」の中間地点である苗栗県のメイン会場でこの運動に参加した。さらに二〇〇六年一二月八日には、毎年二月二八日の当日、半旗を掲げて追悼の意を示すよう定められた。このように、二・二八事件の受難者の犠牲は、ようやく然るべきかたちで銘記され、敬慕されるようになったのである。筆者と弟の克紹は「台南市二・二八紀念館」の設立を発起、台南市の黄偉哲市長の支援のもと、二〇二二年九月一八日にこれをオープンさせた。

筆者の弟、王克紹は高雄医学院（現在の高雄医学大学）医学部を卒業、台南市北区成功路に「王克紹診所」を開業した。克紹という名は王育霖の命名で、故事成語の「克紹箕裘（よく父祖の業を継ぐという意）」の最初の二文字に由来する。

二・二八事件による悲痛、その暗い影はわが家を覆い尽くした。仙槎は筆者と弟に文学、法学方面に進むことを許さなかったため、私ども兄弟は父親の足跡を追ってこれらの方向に進むことはなかった。しかし、克紹が選んだ医学部は異なる分野ではあるものの、「懸壺済世（医療で人々を救う）」仕事であり、父親の「すべての人を幸福に」という願いの実現に向け努力することは可能だった。

克紹は兵役を終えた後、母校の高雄医学院の麻酔科で助手を務めたあと、省立台南病院（現在の衛生福利部台南病院）の外科で勤務したほか、手術担当主治医として北門烏脚病（中南部沿岸地域で発生した四肢が黒く変色する慢性ヒ素中毒症とみられる風土病）防止治療センターでも勤務した。蔣経国総統が北門を視察した際には、克紹は医療設備および患者へ提供する栄養補助食品の充実を求めた。

このほかにも麻酔科、一般外科、胸腔外科などで専門的な経験を積み、のちに裁判所で医療に関する助言やトラブルの仲裁などを行なう上で必要な専門的知識を深めた。医師としての克紹は尊大な態度は一切なく、誠実な仕事ぶりで上司や同僚、また患者からの信頼も厚かった。台南病院勤務当時、国民党による戒厳令下、国民の思想統制と監視をしていた特務機関「人事室第二弁公室（通称：人二室）」の職員が、克紹に関する動向報告の際、うっかり「彼の評判は素晴らしい」と漏らしてしまったほどであった。

一九八七年、克紹は公務員としての勤務が一年を超え、一週間の休みをとれることになったことから、初めての海外旅行として香港のようすを見に行きたいと考えたのだった。ところが、出入境許可を申請してもなかなか下りず、休みの日が迫るなか、三番目の叔父、陳淡而の親戚、黄尊秋検察院長に助けを求めた。黄検察院長は折返しの電話で「出入境管理局長に身分保障をした、克紹は必ず台湾に戻ってくると伝えた」と述べた。すると、三日も経たずに許可は下りたのだった。これもまた、わが家族が監視の対象になっていたことを示す一例であった。

一九九二年、施明徳が立法委員選挙に出馬した際には、台南市の中山公園で投票日前夜に決起集会を行ない、たいへんな盛り上がりとなった。克紹は二・二八事件の受難者家族の身分で勇敢にもステージに立ち演説を行なった。

これが克紹にとっては初の公の場での政治活動参加となった。これをきっかけに台南市では多くの人々が王家の血と涙の歴史を知っていることから、二・二八事件の真相究明と民主主義の理想を求める運動を後押しすることとなった。皆の期待を担い圧倒的な得票数で立法委員に当選した施明徳は、台南人はこうした民主化運動の先人の後について歩み続け、人々の後ろ盾にならなければならないと述べたのである。

以来、克紹は台湾で民主主義が成し遂げられるよう、歴代の正副総統選、台南市長選、立法委員選において、それぞれ民進党立候補者の選挙活動を支援するため、台南市の医学・医療界の後援会を組織、活動した。

一九九八年、陳水扁が台北市長選に敗れた数日後、克紹は当時の張燦鍙台南市長の要請に応え、台南市「扁友会」副会長に就任、二百か所もの支部を設け、すべて「扁友会」の名称で、支持固めという重い任務を担った。

二〇〇四年、陳水扁再選を目指した総統選においても、克紹は「扁友会」副会長に就任したほか、台南医療界連盟を結成、その執行長を務め、医療界各方面の力を集め、陳水扁を支援した。また、前述の「二・二八―百万人が手をつなぎ台湾を護ろう」運動の台南エリアの組織を主導した。

陳水扁は再選を果たし、「扁友会」はその活動を終えることになった。同会は二〇〇四年六月、「愛台湾協会」と名称を改め公益団体にかたちを変えた。同協会では台南市民の福利厚生に力を傾注していくほか、地域への貢献することを打ち出している。一人親家庭や経済的に苦しい世帯の子供を支援する計画を打ち出し、海東国小や石門国小など台南市の小学校で無料学習支援プログラムを開催し好評を博した。

克紹は、この「愛台湾協会」の主要な役職、理事長などを務めたほか、二〇〇四年以降、台南市医師公会の理事、監事などを計一三年歴任し、県と市の合併後には大台南市医師公会の理事および常務理事を務めた。

また、克紹は台湾南部エリアにおける健康保険費の支出を監督する委員会のメンバーを務めながら、同時に医師に対する合理的な給与を求める活動にも参加した。さらにボランティア診療、医療相談にも参加、台南の社頭地区では災害時の医療ボランティアを行なったほか、コミュニティにおける献血活動、健康講座なども行なった。二〇〇九年、「八八水災」と呼ばれる大水害が発生した際には、すぐに被災地に入り、台南軍営区前進医療ステーションの医官に就任、当時の高雄県甲仙郷の龍鳳寺に留まり、被災者、救援スタッフへ医療行為に従事した。

行政院が設立した財団法人「二二八事件紀念基金会」において、克紹は第五期（陳水扁総統時代）および第七〜九期（馬英九総統時代）の役員を務め、二・二八虐殺事件の真相および当時事件に関与した人物の責任の所在の追及にあたった。また、台南市の中元法会において、二・二八事件の受難者を慰霊し、受難者家族の健康、平安を祈った。ここでの慰霊行事は、台南仏光山が協力し、荘厳な雰囲気のなか執り行なわれた。

前述（第一章）したとおり、祖父の王汝禎は台南市北区佑民街に王姓大宗祠を建立した。現在は三代目にあたるわれわれが管理し、先人の遺志を継いで未来に向け顕彰している。

二〇〇三年五月、王姓大宗祠は台南市の古跡に指定された。二〇〇九年一〇月には社団法人「王姓宗親会」を設立、王克紹は現在、理事長を務めている。また、克紹らの働きかけによって、文化建設委員会（文建会）の古跡補修改修計画の補助を得ることになり、基金として数百万元が拠出され、祖先を祀る儀式や懇親会などのイベントを行なっている。

事件の犠牲が促した台湾の民主化

母、陳仙槎の人生の大半は苦難ばかりの連続だった。その後、筆者と弟が学業を終えると、経済状況は好転、仙槎はようやく苦労の日々から解放された。

一九九四年二月、筆者は「海外二二八遺族帰国団」の一員として帰国、当時の李登輝総統と面会する機会を得た。その席ではもちろん父のことに話題が及び、筆者は「私の母が総統に会いたがっている」と伝えたところ、李総統は「私のほうからお母さまを訪ねるべきだ」と述べたのだった。

そして一九九四年三月六日、李登輝総統が台南市成功路の「王克紹診所」の上階で暮らしていた母のもとを訪れた。目の前の道路は通行禁止となり、大勢の警察官が配置され、物々しい雰囲気となった。

李総統とともにやってきたのは、総統府副秘書長の戴瑞明、行政院政務委員の黄石城、台湾省政府

1994年3月6日、当時の李登輝総統は王育霖夫人の陳仙槎を訪ね、慰労した。左から王克雄（筆者）、陳仙槎、李総統、王克紹（筆者の弟）の息子、凱立、王克紹、その妻、秀英。

主席の宋楚瑜、台南市長の施治明らであった。わが家からは筆者と克紹の夫婦のほか、筆者の岳父である林明昆医師の弟、林淵泉医師が同席した。

林淵泉医師は李総統の京都帝国大学の先輩にあたり、二人はかつて一緒に住んでいたことから、旧友との再会を喜び、とても興奮しておられた。戦争中、日本で暮らす台湾人留学生はたいへん貧しい暮らしをしており、当時、王育霖は京都地裁で勤務しており、しばしば留学生を家に呼んで食事などでもてなした。ある時には集まった留学生は二〇人を超え、家にある盃や茶碗が足りず、お椀で酒を酌み交わしたこともあったという。

母は当時の若き留学生が総統になり、しかも自分に会いに遠路はるばるやってきたことに驚いていた。そして一目、李総統の姿を目にすると、往時の出来事を瞬く間に思い出し、何度も涙にむせびながら「夫は……」と口にした後、言葉を継ぐことができなかった。

自由時報
二二八「戒嚴」令人不寒而慄
王育霖遺孀見總統 悲喜交集
王育霖 日本首位台籍檢察官
民衆日報
感謝當年在日本受恵之恩
李總統探望228王育霖遺孀
走過"二二八"念故人恩情
總統探視王陳仙槎
聯合晚報
臺灣時報
李總統探視王育霖遺孀

李登輝総統の陳仙槎との面会（1994年3月6日）を伝える台湾各紙の記事。

李総統は「王検察官は公正な人柄で、正義を守り汚職や法律違反を厳しく追及した。特権を恐れず勇敢に戦った彼の姿勢を高く評価する。しかしながら、不幸にも犠牲となってしまった」と母に慰めの言葉をかけた。

李総統は何があったのかをよく理解しており、京都帝大留

紀念二二八受難法界前輩
褒揚文

林連宗律師
林桂端律師
李瑞漢律師
李瑞峰律師
湯德章律師
吳鴻麒法官
王育霖檢察官

中華民國律師公會全國聯合會
八十六年九月九日

1997年の「律師節（弁護士の日）」、弁護士公会全国聯合会（略称：全聯会）は、王育霖ら二・二八事件で犠牲になった法曹人7名に褒揚の辞を贈った。

学時代に育霖夫妻から世話になったことについて謝意を述べ、誠意のしるしとして「総統贈酒」と呼ばれる銘酒を贈った。母は政府が夫の死因と死亡日を公表し、子孫が孝心を尽くすことができるよう希望するとともに、二月二八日が国の休日となることを期待していた。

母は李総統について「これほど人情があり、義理堅い人は今どき珍しい」と称賛していた。総統の訪問は、育霖の犠牲が意義のあるものであったと肯定的に評価するもので、母にとって大きな慰めになった。

李総統のこの訪問を各主要新聞は大きく伝え、国民党政府がようやく二・二八虐殺事件に正面から向き合うきっかけとなった。そして、翌年、総統は政府を代表して謝罪したうえ、「二二八事件処理および補償条例」を可決したのである。

一九九七年九月九日、台湾の「律師節（弁護士の日）」にあたるこの日、弁護士公会全国聯合会（略称：全聯会）は、王育霖検察官およびその他の二・二八虐殺事件で受難者となった法曹界の人々に対し、褒揚《ほうよう》の辞を進上した。

二二八死難司法前輩褒揚文

1945年8月15日，日本戰敗，國民政府接收台灣。因特權壟斷，貪污腐敗，物價飛揚，經濟崩潰，未及一年半載，台灣人民已從熱望跌入絕望的深淵。二二八事件乃因之爆發。台灣人民提出改革要求，國府卻視之為叛亂，派兵鎮壓。導致台灣領導菁英和民眾傷亡慘重。二二八傷痕從此永烙人心，成為台灣最大的政治禁忌。

日治時代，台灣法界前輩赴日讀書，深受民主法治和近代國家觀念的洗禮。身處統治者更換年代，眼見國府濫權枉法，乃挺身而出，為民伸冤。國府不能容忍，亟欲除之。林連宗、李瑞漢、李瑞峰、林桂端、吳鴻麒、湯德章、王育霖等七人，先後被捕殺害。除湯德章遊行示眾槍決、吳鴻麒槍殺棄屍南港橋下而留屍體外，餘五人從家中或上班時被帶走而一去不返，至今下落不明。吳鴻麒為法官、王育霖為檢察官，林連宗、李瑞漢、李瑞峰、林桂端、湯德章為律師；林連宗、湯德章且參與二二八事件處理委員會，公開批評時政；七人都是執法認真、伸張正義的法界俊秀。

國府帶走七人之後，未經審判，即予加害，迄今未有任何交待。半世紀來，受難者家屬忍辱負痛，不敢聲張。法界人士未予聲援、討回公道。今捫心自省，除公開褒揚、追思司法前輩正義勇敢的行為外，我等法界人士更要求政府早日公開史料，還其清白，並呼籲全國人民為確立司法獨立、建立公平正義的社會共同努力。

1997年、全聯会が贈った二・二八事件の法曹人犠牲者７名に対する「褒揚の辞」全文（要旨は本文参照）

褒揚の辞には「この半世紀、受難者家族は屈辱を忍び、痛みに耐え、声を発することはなかった。法曹界関係者も声援を送ることなく、無念を晴らすことはなかった。今、胸に手をあてて深く反省し、公のかたちで法曹界の先輩方の正義、勇敢な行為を褒揚するほか、私たち法曹界関

1998 年の「二二八事件紀念日」、事件で受難者となった５人の法曹界関係者の遺族が共同で基金を寄付し、台湾の司法正義に貢献した個人や団体を顕彰する「二二八司法公義金管理委員会」を設立した。前列左から５人目が王育霖夫人の陳仙槎、６人目が陳仙槎の叔母（２番目の兄の妻）、陳黄桂雲。

係者は政府に対し、一日も早い史料の公開、名誉回復を求める。そして全国の人々に向けて、司法独立の確立、公平で正義ある社会づくりのためにともに努力しようと呼びかける」と記されている。同時に同会は遺家族に対し「台湾正義の光」と書かれた記念牌を贈った。

一九九八年二月二七日、二・二八事件で受難者となった五人の法曹界関係者、王育霖、呉鴻麒、李瑞漢、李瑞峯、林連宗の家族は、共同で二二八万台湾元を寄付、委託を受けた全聯会によって「二二八司法公義金管理委員会」が設立された。また、台湾の司法正義に貢献した個人や団体へたびたび寄付をしてきた。同年、式典に参加した家族の代表は母の陳仙槎、呉鴻麒夫人の呉楊炁治氏、李瑞漢夫

2007 年の「二・二八事件」60 周年にあたり、当時の陳水扁総統は「二二八国家紀念館」の開幕セレモニーで記念品を陳仙槎に贈呈した。

人の李邱己妹氏史、李瑞峯の息子の李栄達氏、林連宗の娘の林信貞氏だった。

一九九六年の母の日、台南市政府は母に「金萱賞」を贈った。さらに、二〇〇三年の母の日には、サンディエゴ台湾センターが「模範の母賞」を贈呈した。これらはいずれも苦労を耐え忍び、母一人で子供たちを育て上げた仙槎の偉大な愛情を顕彰するものだ。二・二八事件から六〇年の二〇〇七年、「二二八国家紀念館」の開幕セレモニーにおいて、陳水扁総統は母を高く評価し、記念品を贈呈した。

二〇一八年には国立台南女子高級中学から母に「名誉校友」の称号が贈られた。

二〇一五年、筆者はサンディエゴにおいて「王育霖検察官紀念基金」を設立、サンディエゴ台湾センターから、毎年、尊敬に値する台湾人を選出、二千ドルを贈呈している。また、育霖は作詞が好きで台湾の伝統歌謡の研究にも熱心だったことから、台湾における台湾語研究グループは二〇二一年、王育霖が逮捕された三月一四日を「台湾詩人の日」と定めた。さらに、二〇二一年八月、筆者はアメリカで「台湾二二八虐殺事件教育基金会」を設立し、外国人に対して二・二八事件を伝え、その認識と理解の普及に努めている。このほか、南投県の草屯に「台湾聖山」を設け、二・二八事件の受難者および台湾にきわめて大きな貢献をした人物を「台湾神」として讃える場を設けたほか、正面広場には王育霖の銅像を建立した。

筆者の父親は中国国民党によって殺害されたが、王家は打ち倒されることはなかった。育霖と仙槎の子孫は合わせて二七人を数える。二人の息子とその妻、二人の孫息子とその妻、三人の孫娘とその夫、四人の男のひ孫に九人の女のひ孫がいる。

二〇二〇年一月一一日、台湾総統選挙で筆者は母親の車椅子を押して、蔡英文総統に票を投じた。母は蔡総統が歴代最多の得票数で再選されたことを喜んだ。しかしながら、母は同月一四日未明他界した。享年九七。母、仙槎は子孫に恵まれ幸せに天寿を全うした。

二・二八事件では、中国国民党の軍隊は台湾人に対し、残虐非道な大虐殺を展開し、台湾人エリートの抹殺を組織的に計画、実行した。独裁者、蔣介石は台湾人への報復と再び蜂起する意思を粉砕するまで虐殺を続けた。中国政府はかつて日本人が中国人を殺した際は「虐殺」と呼びながら、中国人が台湾人を殺したことには、その真相に目を向けるのを避け、定義があいまいな「事件」という言い方をしている。

現在、広く「二・二八事件」と呼ばれているが、これは誤りである。「二・二八虐殺事件」あるいは「二・二八大虐殺」と呼ぶべきなのである。

蔣介石は二・二八虐殺事件を引き起こし、蔣介石と蔣経国による四二年近い台湾に対する独裁的な統治という目的を果たした。しかし、台湾人は中国人による血なまぐさい大虐殺を忘れてはいない。

さらに、これによって強烈な〝台湾人としての意識〟が育まれ、台湾の民主化、自由、独立への決意をかき立てることとなった。非常に多くの気骨ある台湾人が勇敢にも立ち上がり、国民党政権に反対し、多くの人が弾圧によって犠牲になり、投獄された。しかし、台湾人はなおも先人の屍を乗り越えて後から続き、台湾の民主化運動はついに花を咲かせることになったのである。

母、仙槎が一生で最も喜んだ時といえば、二〇〇〇年、「阿扁（陳水扁）」が総統選挙に当選し、台湾人を支配していた国民党を政権から引きずり降ろした時だ。この年の五月二〇日、筆者は母親を連れて陳水扁総統就任式典に出席し、ようやく台湾人が日の目を見た、国の主になったという実感と興奮を覚えたのである。

台湾人は当時の南京の蔣介石と、現在の北京の習近平の正体について、はっきりと認識すべきである。彼らはいずれも中国の独裁統治者であり、台湾に対する横暴な態度は同じである。今こそ台湾人が苦労して手に入れた民主主義と自由を大切に守り抜くことを心から希望する。歴史は繰り返す。われわれは二・二八虐殺事件の教訓を深く心に刻みつけておかなければならない。先人たちが流した血を決して無駄にしてはならない。

一九八九年、北京で発生した「天安門事件」では一万人あまりの若者が殺された。これは二・二八虐殺事件の歴史を繰り返したのである。なぜなら両方とも次のような共通点があるからだ。

●中国の独裁的な統治者による蛮行である。
●平時に政府が軍隊によって非武装の自国民を大量虐殺した。
●死傷者の大部分は若者である。
●人々が民主化と腐敗した政権に対し改革を求めたのがきっかけで発生した。
●独裁的な統治者が長期に、全面的に情報を遮断し、討論することを認めず、銘記することも許さない。

二・二八虐殺事件は四〇年もの間、真相が隠蔽された。そして天安門事件は現在まで三五年間、今もなお情報が遮断され続けている。

台湾人と日本人は中国の統治者の暴力性、残忍性、欺瞞性を深く認識しなければならない。中国政府の本質とは人権を顧みず、民主主義が欠落した非人道的な支配体制なのである。

第二部

妻、王陳仙槎の証言

話し手：陳仙槎（王育霖の妻）、王克雄（長男）、陳幼而（伯父）
聞き手：張炎憲、黎中光、胡慧玲
記　録：胡慧玲
日　時：一九九四年三月一日
場　所：台北市圓山飯店

官田の陳家

私は陳仙槎《ちんせんさ》です。王育霖の妻です。一九二二年、台南県官田郷（現在の台南市官田区）で生まれました。今年で七三歳です。

母の劉彩蘋は台南柳営の劉明電の年上の従姉妹で、林宗義教授の岳母とは従姉妹にあたります。そのため、私と林宗義教授夫人、李美貞女史とは従姉妹の関係です。林宗義教授の父親は台湾大学文学院院長（文学部部長）の林茂生教授で、二・二八事件で受難者となった一人です。母は柳営から官田の陳家に嫁ぎ、私は官田から台南の王家に嫁ぎました。

私の親類の多くも二・二八事件の受難者家族です。陳炘夫人の謝綺蘭と劉明電夫人は異母姉妹です。惨劇のあと、劉明電は南京の蔣介石に手紙を書き、「あなたは、私の多くの親戚を殺した」と罵《ののし》ったといいます。

陳家は官田の名家でした。祖父の陳人英は清朝の時代の秀才で、父の陳自東は国語学校を卒業後、日本へ留学しました。母は私のほか、三人の男の子を産みました。姉妹はいませんでした。私が幼い時に父が他界、父が亡くなった時、幼い弟はまだ二歳でした。

母は昔ながらの家庭の女性でした。纏足をしており、文字は読めませんでしたが、進歩的な考えをもち、近代的な教育の重要性をよく認識しており、子女にはしっかりとした教育を受けさせようという考えをもっていました。

私たち四人姉弟は幼少時代からお互いに助け合い、仲よしでした。私は台南第二高女を卒業後、日本へ赴き、洋裁学院で学びました。兄弟も皆、日本へ留学しました。私たち一家はどちらかといえば裕福なほうでしたが、平凡な家庭でした。しかし、二・二八事件後、大きな激動の渦に飲み込まれ、さらに、その後の国民党政府が推進した「三七五減租」（小作農を保護するために小作料を軽減する農地改革）」と「耕者有其田（耕作者が土地を所有する）」農地改革や経済統制によって土地を徴収され、ほぼ無一文となってしまいました。土地はなく、また何か事業

東京の洋裁学院に通っていた当時の陳仙槎（18～19歳頃、1940 年撮影）

を始めることもままなりませんでした。

台南の王家

夫、王育霖の実家である王家は代々、台南で暮らしていました。育霖の父、王汝禎は貧しい家に生まれましたが、身体がとても大きく、若い頃から荷役作業に従事しました。一度に人の二倍の重さの荷物を担げるうえ、勤勉で苦労を厭わなかったので、地元の人々は「王仔強（力持ちの王ちゃん）」と呼びました。

汝禎は、台南の商業界で立身出世を果たした後、商売を手広く展開しました。公益活動への貢献も大きく、現在、三級古跡に指定されている法華寺の再建や、佑民街の王家祠堂（王姓大宗祠）の建立のために土地の提供や寄付を行ないました。いずれも扁額、石碑が残り、碑文が記されています。日本統治時代、汝禎が起業した「金義興商行」は、味の素の専売のほか、アワビ、干し貝柱など乾物の卸売など、幅広く商売を営み、多大な売上がありました。育霖の祖母は、日本の天皇から勲章を授与されました。そのメダルは今でも保管されています。

四〇歳を過ぎてから、汝禎は台南で最も賑やかな「本町」、現在の台南市民権路に王家の新居を建てました。たいへん美しく、廟宇《びょうう》のように堂々たる建物でした。がっしりとした大門、高い壁が周囲を覆い、足を踏み入れると広場があり、その広場内にはホールもありました。二階建ての「四合院」様式の建築でした。

王家は非常に複雑な大家族でした。その複雑さはまるで国民党の内部抗争のようでした。結婚後ほどなくして、育霖は王家のさまざまな事情をすべて話してくれました。

王汝禎は三人の妻《めと》を娶りました。最初の夫人には後継ぎが生まれず、育霖の母親は二人目の夫人で育霖と育徳、そして二人の姉、錦香と錦碧を産みました。その後、汝禎は少女をお妾さんにしました。お妾さんは器量がよく、一六歳で第三夫人となりました。甘えるのがうまい一方、字は読めず、口が悪く、気に入らないことがあるとすぐに罵りました。その罵り言葉は聞いていられないほどでしたが、私たちは何か言い返すことは許されませんでした。すぐに手が飛んできたからです。

育霖はしばしば私に、一六歳で母親を失ってから、若くして大家族の中でどのようないじめを受け、虐げられてきたのかについて話をしてくれました。育霖は「人間は運命に屈してはいけない。どんな逆境にあろうとも努力して困難を必ず克服しなければならないんだ」と再三語っていました。そして、努力が実り、台北高等学校を経て東京帝国大学に合格、さらには日本で検察官にまでなったのです。

私は今でも、育霖が「運命を克服するんだ」と語った時の固い決意を感じさせる表情を覚えています。私はずっと彼の境遇に同情していました。二・二八事件の後、私は育霖の代わりに二人の息子を大きくなるまで一人で育てよう、彼が幼少時代に遭遇したような悲惨な思いを、決して息子たちには味合わせてはならない、と決意したのです。
それから四十数年、多くの苦難を経験し、私はあらためて人の運命は克服できないものだと感じています。溝に一度はまってしまったら、必ず転んでしまうのです。いくら努力してもやはり転んでしまいます。死ぬ日が来たら、いくら奮闘しようが、必ず死ぬのです。この中国社会において、私は何かに執着することを一切しなくなったのです。
育霖は、私に王家の家庭内の事情や揉め事について話してくれました。それによると、王家は当時非常に豊かで、祖母の誕生日のお祝いのため、劇団を家に迎え、一か月にわたって観劇会を催したことがありました。ある時、育霖が上演中に便所に立ったところ、第三夫人が産んだ王育森が育霖の椅子を横取りしました。戻ってきた育霖が「そこは僕の席だよ」と言ったものの、育森は「なぜ、席を譲らなければならないんだ。僕が座ったのだから、もう僕の席だ」と言ったそうです。この一件は、のちに育霖が書いた「明日を期する者」に記されています。（一九〇ページ参照）
こうしたことは小さな出来事の一つに過ぎませんでした。第三夫人が父親をそそのかし、どのようなごたごたを引き起こすのかは予想もつきませんでした。そして、最終的に揉め事の責任をかぶるかたちで育霖の母親は父に叩かれることになりました。その後、育霖と母は抱き合って泣きました。育霖はひざまずき「もう決して揉め事を起こすようなことはしません」と母に謝罪しました。その後、育霖は母親が再び叩かれることがないよう、その是非や善悪は問わず、どんなことも黙って耐えたのでした。

王育霖が公学校で学んでいる時、王育森は日本人が学ぶ小学校に通っていました。育霖の成績はよく、常に一位をとっていましたが、第三夫人は父親に公学校の一位は小学校の最下位にも及ばないと吹き込んだのでした。育霖は幼い頃から学校では盛んに称賛されましたが、家庭において父親から褒められることはありませんでした。そのため育霖は台湾全土で最もよい学校に進学するという志を立て、母親のためにがんばろうと決意したのでした。

台北高等学校の尋常科は台湾で最も優秀な学校だと聞いた育霖は、真剣に勉強に取り組み、その結果、育霖はこの尋常科に合格、台南を離れ台北で学ぶこととなりました。この年、台南からは三人が台北高等学校の尋常科に合格しました。

王育霖以外の二人のうちの一人が洪文治で、のちに台湾大学の教授となりました。もう一人は胡鑫麟で、ヴァイオリニスト胡乃元の父親です。台湾大学病院の眼科主任を務めていましたが、白色テロの時代（訳注：「白色恐怖」とも言われ、二・二八事件後の戒厳令下において国民党政府が反体制派に対して行なった政治的弾圧。一九四七年から八七年に戒厳令が解除されるまでの時期を指す）に逮捕され、台湾南東部の離島、火焼島（現在は緑島と改称）の政治犯収容所に一〇年間、囚われていました。

王育霖が尋常科二年生の時だったか、台南に戻ると、王育森は再び彼をいじめました。この時、育

王育霖と陳仙槎、婚礼時の記念写真（1942年7月27日）

霖はもう耐えられないと、下駄を手にして家中を追いかけ回し、育森を叩きました。のちに育霖は私に「いっそのこと殴り殺して牢屋に入ってしまえば、きれいさっぱり、二度といじめられることもないと心に決めていた」と打ち明けました。この反撃以降、育森が育霖をいじめることは二度となかったそうです。

一九四〇年、王育霖は台北高等学校を首席で卒業後、二度目の受験で東京帝国大学法学部に合格し、ようやく王家の中での地位を確立することができたのでした。台南の家に戻ると、第三夫人までが育霖の機嫌をとるようになりました。

当時、育霖と私はともに東京で学校に通っていましたが、お互い面識はなく、一九四一年に台湾に戻ってからお見合いをして、翌四二年に結婚しました。この時、私は二一歳、育霖は二四歳でした。

結婚後、東京に戻り、育霖は高等文官試験（高文試験）司法科の準備のため、東京にいた叔父の劉明電の家で二か月間暮らしました。そして、大学在学中に高文試験に合格し、一九四三年九月に大学を卒業し、高文試験の成績もよく、検察官を志望していたことから、穂積重遠男爵（訳注：穂積重遠〔一八八三〜一九五一年〕は東京帝国大学教授・法学部長、最高裁判所判事などを歴任、東宮大夫兼東宮侍従長。一九二六年、男爵に叙爵）は育霖が検察官になれるよう司法省に推薦しました。

穂積先生は、かつての教え子で当時、京都地方裁判所人事課の主任を務めていた方に「台湾人で非常に優秀な男がいる。彼を採用しなさい」と伝えたそうです。こうして夫の育霖は京都地裁の検事局で勤務することになったのです。

戦時下の京都勤務

王育霖の長男、王克雄は一九四四年六月、京都の清水寺の近くで生まれました。清水寺の参道は陶磁器や土産物の販売を生業としている店が立ち並び、私たちは清水寺から下りてきて三軒目の家で暮らしていました。

昨年（一九九三年）、私は日本に行った時、かつて住んでいた京都市左京区聖護院川原町五三番地

1944 年の初冬、王育霖夫妻は長男克雄、陳仙槎の３番目の弟、陳淡而（中央）とともに京都の清水寺を参拝した。

（当時）にあった家を訪ねました。家主の方はすでに亡くなっており、現在はその息子さんが主でした。戦後、私たちがここを離れる時、育霖の蔵書など持ち帰れない物を預けたのですが、今はどこにいったのかはわかりませんでした。息子さんとは、当時のあれこれを話す時間もなかったので、仕方ありません。

私はかつて王育霖に「なぜ検察官になろうと思ったのか」と聞いたことがあります。育霖は「台湾人を苦しい境遇から救い出すこと、これが検察官になった目的だ。そして私の生涯の理想だ」と答えました。

育霖はまっすぐな人で正義感に溢れ、憐れみの心をもっていました。京都地裁で勤務していた時、家に仕事を持ち帰り、夜も公文書を書いていました。私は家事を終えると、小説を読むかのように彼が書いた起訴状を読んでいましたが、育霖はしばしば担当している事件の話をしてくれました。当時の検察官は大きな権限を持ち、軽微な事件は直接刑を下すことができました。

ある時、育霖はため息をつきながら、ある事件の公判について話し始めました。それは、ある老人が刑務所を出所したものの、貧しくて食べるものもなく困窮し、暗闇に紛れて葱を盗んだという話でした。戦争中、日没後は実質的に戒厳下（訳注1）とみなされていたため、罪は重くなり（訳注2）、懲役五年を求刑しなければなりませんでした。

老人は「自分はもう六〇歳を超えています。そこまで重い罪を科せられたら、私はもう二度とお天道さまを見る機会はないかもしれません」と訴えました。育霖は思わず「では、なぜもっと早い時間に盗まなかったのだ。午後六時前であれば、罪はここまで重くならなかったのに」と口にしてしまったといいます。

育霖は帰宅すると、私にこの件を話し「良心が痛む」と言いました。育霖は「六斤四両（約三・七五キログラム）ほどの葱をこっそり刈り取っただけで、五年の判決は重すぎる、どうにも起訴しにくい。盗みを働くならば、日没前にすればよかったのだ。男は六度目の再犯で出獄したばかりだ。五年でも最も軽い量刑であるため、これ以上、どうするわけにもいかない」とやるせない表情で言いました。

京都で暮らしていた当時、毎年正月になると、私たちは台湾人留学生を家に呼んで会食をしました。当時、学生への食糧配給は少なく、腹は満たされませんでした。一部の人は異なる町内で名前を届け出し、複数人分の配給を受けとることで、なんとか食べ物を確保していました。でも、このような不正に日本の警察の取り締まりは厳しく、万が一みつかると逮捕され、面会も許されませんでした。学生たちは友人が逮捕されたりすると育霖のもとを訪れ、助けを求めてきました。育霖の助力により監獄に差し入れをすることができました。

今年（一九九四年）二月、二・二八事件の受難者家族が総統府に李登輝総統を表敬訪問した際、李総統は、私と長男の克雄に対し「当時、日本で育霖さんにたいへん世話になった」と言及しました。その後、三月六日に李総統が台南のわが家を訪れた際にも、「あなたのご主人は秀才であった。新竹市長の汚職事件では立件に全力を尽くし、正義を貫いた。しかし、それゆえに命を落とした」と話しました。「あなたのご主人、王育霖さんのことを私は深く理解しています。育霖さんは厳しい態度で汚職事件を立件しようとした結果、受難者となったのです」と語っていました。

戦後、台湾に戻った後、延平学院が設立され、育霖は教授に就任しましたが、李総統は当時、台湾大学で学びながら延平学院でも助手を務めていたということでした。

訳注1：一九三七年施行の防空法に基づき、三八年四月から日本全国で実施されていた灯火管制を「戒厳下」と誤解していると思われる。

訳注2：一九四二年三月施行の「戦時刑事特別法」により、灯火管制下に発生した殺人、強盗、放火、強姦などの凶悪犯罪に対し刑罰の加重が定められていた。同法は四六年一月廃止。

台湾人青年の殺人事件

一九四五年八月、戦争が終わりました。王育霖は早く台湾に帰りたい一心でした。育霖は京都の台湾同郷会の会長に推され、台湾人が帰郷する船の手配のほか、団体を運営する役割を担いました。

当時、ある台湾人青年が殺人事件を起こしました。「阿深（深ちゃん）」という一八歳の基隆出身の留学生の犯行でした。

殺害されたのは古本屋を営んでいた女性でした。生活に困窮していた阿深は、この女主人に金を借りようとしたのですが、断られてしまいました。もしかすると、カッとなって金を奪おうとしたのかもしれません。女主人に大声で叫ばれたことから、動転した彼は女主人を殴り、その結果、彼女は死んでしまいました。すっかり取り乱し、さらに遺体を防空壕に移して隠しました。

まもなく逮捕、起訴された阿深は、殺人と死体遺棄の罪で死刑判決（訳注：前述の「戦時刑事特別法」による）が下される可能性がありました。育霖はこの事件の担当ではありませんでしたが、この若い台湾人を不憫に思い、なんとか死刑は回避されるよう、裁判所の上司や知り合いの法曹関係者などに、被告は殺意があったわけではないと訴えました。

育霖は担当の検察官に「私は近いうちに台湾に帰ります。最後に私の願いを聞き容れていただけないでしょうか。どうかこの被告を助けてください。犯行は若い彼が生活に困り果てたあげくの偶発的な結果だったのです。死刑に処することなく、無期懲役にして彼を両親にもう一度会わせてほしいのです」と頼んだそうです。

無期懲役であれば、戦前もあった国家的な慶事に合わせた恩赦によって、減刑されて出所の機会が訪れるかもしれません。当時、日本の皇太子（現在の上皇）はまだ小学生でしたが、育霖は皇太子が将来、結婚したりすれば恩赦が行なわれ、阿深もその対象になるかもしれないと考えたのです。

阿深は日本に来てから長く、また戦中戦後の混乱期とも重なり、台湾の家族との連絡が途絶えていました。私たちも家族とは音信不通になっており、父母の生死さえまったくわからない状態でした。こうしたことから育霖は、彼がまた両親に会うことができるようにしてあげたいと考えていたのです。のちに聞いたところでは、阿深は極刑を免れることができたそうです。

この頃、私たちはたいへん忙しくしていました。育霖は阿深の裁判のためにあちこちを駆けずり回っていました。一方、私は台湾に戻るための準備に追われていました。日本に長く住んでいたため、多くの物事を片付けなくてはならず、特に家財などはやむを得ず処分しなければなりませんでした。

私は育霖に「パパ（私は子供と同様、育霖を『パパ』と呼んでいました）、戦争がようやく終わって、どの家も生活用品が足りず、物の値段が上がっています。私たちは日本に長くいたから家具がたくさんあります。これらを適当に売ったら、今後の生活の足しになりませんか。売り払ったあとに台湾に戻ってはどうでしょう」と伝えました。

するると、育霖は思いがけないことに「そんなに君がお金が大切だと言うならば、日本に残って十分に満足するまで売ってから戻ってきなさい。私は先に子供を連れて台湾に帰るよ」と言ったのです。

どうして、そんなことができるでしょうか。私が「パパ、ではどうしたらいいのですか」と問うと、育霖は「私は今、君の手伝いはできない。まだ阿深を助けるためにしなければならないことがあるからだ。家の中の物は人にあげてしまおう」と言いました。

いざ、家財を処分するとなると、あっという間でした。私はご近所さんに声をかけ、机が欲しいと言う人には机を、椅子が欲しいと言う人には椅子を持っていってもらうと、わずか半日で、家の中はほぼ空っぽになりました。

さらに私が「何かほかの物も記念に差し上げないといけませんね」と言うと、皆、口々に「それでは私はこれを」「では私はあれを」と言いながら、細々した物まで持っていったため、家の中は本当に何もなくなってしまいました。ただし、本だけは手をつけてはいけませんでした。本は育霖にとっての宝物でした。育霖は本を整理すると大家さんに預けました。今はもう、大家さんは亡くなってしまっており、私もこれらの本を取り戻すことはできません。

私たちは京都の台湾人の中で最初に帰郷することとなりました。私たち家族三人は台湾に戻る際、身の回りの品と衣服を除いては、ほかに何も持っていませんでした。

帰郷、台湾へ

一九四六年の正月、私たちは広島県、呉の軍港から駆逐艦（訳注1）に乗って台湾へ戻りました。王育霖は海外華僑のリーダー、帰郷団の団長でした。私は船酔いがひどく、また克雄にお乳をやったり、おむつを洗うのに忙しく、同じ船に誰が乗っていたのかさえ、はっきり覚えていません。

数日後、基隆に入港、上陸して、さらに汽車で台南駅に到着した時、王家の人々は、まだ私たちが無事に故郷に戻ってきたことを知りませんでした。

王家の玄関に到着し、父、王汝禎の姿を見るや、育霖は乳飲み子を抱いたままの私を引き寄せました。そして私たち三人は両膝を地面につけてひざまずき、汝禎の表情を窺いました。育霖は「戦争中、お父様のそばで孝行を尽くすことができませんでした。お父様、親不孝の息子をお許しくださいい」と謝罪しました。私はのちに、育霖のことを『二十四孝（親孝行の子弟二四人を取り上げた書物の名）』になぞらえ、「第二十五孝（二五人目の孝行者）」だと言いました。

実家で一か月ほど休息したのち、育霖は台北へ赴き、検察官の研修に参加すると、ほどなくして新竹地方法院へ赴任し、検察官に就任しました。

育霖は公正かつ清廉潔白を信条として、それまでの日本の裁判所で勤務していた時と同じ姿勢で仕事に向き合うことを実践しました。そして着任から約七、八か月のあいだに「新竹船頭行密輸事件」のほか、新竹市長だった郭紹宗による、いわゆる「粉ミルク横領事件」（訳注2）を担当しましたが、郭紹宗らよる妨害で捜査を続けられなくなりました。それればかりか、これがきっかけとなって検察官を辞職することになってしまいました。

戦後、台湾の物価は激しく上昇、著しいインフレになりました。政府と企業は癒着、米、砂糖は大量に中国大陸に流れ込み、思いもよらないことに、産地である台湾で米や砂糖が足りないという状況に陥りました。官吏は大っぴらに汚職行為に手を染め、庶民の生活は困窮しました。

王育霖は、新竹港で「船頭行」と呼ばれた貨物輸出入業者による密輸を摘発、犯罪に関わった七、八人をすべて捕まえました。すると育霖に融通を利かせてもらい、悪事を大目にみてもらうことを目的に、多額の金銭を手にわが家を訪れてくる人もいました。柯賢という育霖の小学校の同級生は悪徳業者の指図でわが家を訪ねて来て、まだ二歳だった長男を見ながら、「お子さんに牛乳を飲ませてあげてください」などと言いながら、金の入った包みを差し出しました。すると、育霖は「それを持って出ていけ、さもなければ叩き出すぞ！」と大声で怒鳴りつけました。

私はその人が狼狽したようすで去っていく姿を見てかわいそうだと思いました。そして育霖に「あなたがお金を受け取らず帰すにしても、そうやって大声で怒鳴るのではなくて、しっかり話してあげないと……」と言いました。すると、育霖は憤懣やるかたない表情で「あいつらは柯賢を丸め込んで寄こしたのだ。同級生だから私は会ったのに。家まで来て、金を握らせようとするとは思いもしなかった」と吐き捨てるように言いました。

台湾に戻ってから育霖は、中国政府への失望、不満をたびたび語るようになりました。そして、育霖は一人だけの力でも、この現状を改革したいと考えていました。

郭紹宗の「汚職事件」について、私が知っている内容は次のようなものです。郭紹宗は陸軍少将で新竹市長を兼任していました。郭紹宗は民政処長の周一鶚の腹心で、アメリカによる支援物資の粉ミルクを横領した不正で検挙されました。

本来、この事件は育霖の担当ではありませんでした。しかし、新竹法院の首席検察官は育霖に任せることを心に決めていました。「粉ミルク横領事件」は台湾全土を揺るがす大事件でした。事件の当事者らは、人づてに「捜査し続ける勇気があるならやってみろ。必ず後悔することになるぞ」と育霖を脅迫しました。

育霖が捜査に出かけると郭紹宗は人を使って尾行させました。そして、郭紹宗を呼んで尋問をしようとしても郭は出頭しませんでした。育霖は司法警察官とともに捜査令状などの公文書を携え新竹市政府に赴き、強制捜査で郭紹宗らから供述を取ることにしました。ところが育霖らが市政府庁舎に着くと、郭紹宗は捜査を妨害するため警察局長に警察官を動員するよう指示、育霖が市政府庁舎を包囲していると吹き込んだのです。こうした混乱のなか、育霖が携えていた公文書は奪われてしまいました。

私はその日、育霖が帰宅した際にとても腹を立てていたことを覚えています。育霖は「私が警察に包囲されたのに、まさか私が彼らを包囲したと言い出すとは。法律を知る私がどうして彼らを包囲するというのだ」と憤っていました。

育霖は「事態は深刻だ。捜査令状と公文書を奪われたということは職責を果たせなかったということだ。職を辞さなければならない。そうしてはじめて責任をとることができる」と話しました。それまでの台湾での勤務で育霖は、すでに中国式の司法に対し失望していました。育霖は「不公平極まりない。もはや正義と言えない」と述べ、この点を非常に憂慮していました。

この郭紹宗の事件後、育霖は一層、ここで検察官はやっていられないという思いが強くなりました。基本的に育霖はとても〝剛直〟な人で、日本での検察局での勤務は順調でした。なぜなら、法律に従って仕事を進めればそれでよかったからです。しかし、台湾では適正に職務を執行しようとすると、数々の困難に直面しました。政治による干渉が多く、あちこちから「これをしろ」とか「あれはするな」と言ってくるのです。私はしばしば育霖から、台湾の司法を改革したい、貧しい人のために不当な扱いを受けている人の代わりに声を上げて、尽力したいという思いを聞いていました。

郭紹宗の事件後、育霖は検察官を辞め、私たち一家は新竹から台北に引っ越しました。台北に移ってから、育霖は建国中学の校長、陳文彬に請われ同校で教鞭をとったほか、延平学院でも教授を務めました。また林茂生が創刊した新聞『民報』の法律顧問となり、同紙で論説を執筆したり、空いている時間を使って法律の専門書『提審法解説（提審法の手続き）』を著したほか、弁護士免許を申請しました。しかし、その免許が下りる前に育霖は「二・二八虐殺事件」の受難者となってしまったのです。

一九四六年の正月に日本から台湾に戻り、一九四七年三月一四日に逮捕、連行されるまでの一三か月のあいだ、新竹で検察官を務めていた八か月間を除き、二・二八虐殺事件以前、育霖が台北で暮らしていた時間は長くないのです。

育霖が検察官を辞めた後、私は二人目の子供の出産の準備と産後の休養のために、長男の克雄を連れて台南、官田の実家へ向かいました。また、育霖の弟、王育徳は結婚を控えており、しばしば台南と台北を行き来していました。

一九四六年一二月一七日、次男の克紹が生まれました。翌四七年一月一七日、台南で次男、克紹の生後一か月のお祝いをしました。台南で王育徳の結婚式、そして高雄で楊金虎の結婚披露宴に出席したのち、台北に戻りました。忙しすぎたのか、この頃から育霖はしばしば胃痛を訴えるようになりました。

訳注1：終戦後、日本海軍の駆逐艦など残存艦艇の一部は武装を撤去し「特別輸送船」に転用され、在外の日本軍将兵の復員、邦人の引き揚げ、また日本在留外国人の帰還のための輸送業務に従事した。

訳注2：陳仙槎は、この「粉ミルク横領事件」と「新竹市長郭紹宗汚職事件」（68ページ参照）を混同していると思われるが、各種資料によれば、日本軍が残していった物資を横領、転売した事件を含めて、新竹市長郭紹宗らはほぼ同時期に複数の不正、汚職に関与していた。

二・二八虐殺事件

台北に移ってから、私たちは七条通り（現在の中山北路付近）の友人宅を借りて暮らしました。数軒隣りは詩人の王白淵の家で、しばしばお互いに行き来して、親しく付き合っていました。

二・二八事件が起こる前、育霖が台北にいた時間はいずれも短く、何かの活動に参加したり、何かの運動に関わったりする時間はなかったと思います。事件発生後、育霖は台南の王育徳に送った手紙の中で、何の活動にも参加していないので安心してほしい、と記したほか、官田にいる私の家族にも同様に伝えるよう頼みました。

王育徳は手紙を受け取った後、官田の私の実家にその手紙を転送しました。育徳は私がすでに台北に戻っていたことを知りませんでした。官田の実家では再度、人に頼んで手紙を私に転送しました。手紙は次々と人手を経て、私の手元に届いた時には、すでに王育霖は捕らわれていました。

この手紙の中では、二月二七日の夜、たまたま陳逸松、王井泉らと山水亭で会食していたところ、外が騒がしいので出てみると、大きな騒ぎになっているので心配になった、と記しています。その後、育霖は私に、こうして暴れて騒いでも効果はないと話していました。

二・二八事件の前後、育霖は家で一週間にわたって臥《ふ》せっており、ただ一度、外出したのは陳逸松らと山水亭で会食した時だけでした。この後、症状はさらに悪化し、私が官田から二人の子供を連れて台北に戻ってくると、ほとんど外に出ることはありませんでした。戒厳令下では、手軽に薬を買うこともできず、育霖は居室でずっと横になっていました。そして、ようやく具合が少しよくなり、外出しようとしたその日、育霖は捕らえられてしまったのです。

連行当日

一九四七年三月一四日の午後二時か三時ごろでした。その日、王育霖はちょうど外出しようとしていました。出際に育霖が私に「財布がないのだけど、君は私の財布を持っていったかね」と尋ねました。私は「そうでした。昨日小銭がなかったので、あなたのお財布を持って買い物に行きました」と答えました。

話がまだ終わらないうち、後ろを振り返ると、見知らぬ者たちが何人も玄関先に立っているではありませんか。育霖は驚き、顔色を変えました。もしかすると、何が起きたのかわかったのかもしれません。六人ほどの男たちがわが家にずかずかと入り込んできました。そして「王育霖はいるか」と聞きました。ただならぬ事態だと感じた私は咄嗟に「わが家に王育霖という人はいません」と答えました。しかし、彼らは意に介さず育霖の肩をぐっと掴み、背広の前を開きました。そこには「王育霖」という三文字がしっかり刺繍されていました。彼らはそれを確認すると「よし、ついてこい」と言いました。

その時、下の子の克紹は生まれてから三か月になるところでした。ちょうど、もう少し広い家に引っ越しを考えていたことから、わが家のほとんどの荷物は整理して、二つの大きなトランクケースに収納していました。入れていなかったのは銀行の通帳、印鑑、オーバーやトレンチコートなどでした。

それらを目にした彼らは育霖だけでなく、これもいっしょに持ち去ろうとしました。トランクケースの中はすでにいっぱいで、これ以上何かを詰め込むのは無理でしたが、彼らはそれでもすべてを奪おうと強引に詰め込むと、一人がトランクケースの蓋を踏みつけながら、ほかの二人が無理やりベルトを掛けました。

二つのトランクケースを奪った彼らは立ち去る際、あろうことか自らトランクを運ぼうとせず育霖に担ぐよう命じました。体調を崩し療養中だった育霖にこんな重い荷物を持ち上げられるわけはありません。恐怖に慄きながら荷物を担がされた育霖はふらふらしていました。

私は慌てて裸足のまま追いかけ、育霖を連れ去ろうとする彼らを引き止めようとしました。私は「夫は何も悪いことはしていません。あなたたちは、なぜ夫についてくるよう命じるのですか」と問いただしました。私が何歩も行かぬうちに突然、彼らの一人が拳銃を取り出すと私の喉に突きつけ、北京語で「それ以上言ってみろ、撃ち殺すぞ」と言いました。

私がなおも追っていこうとすると、その男は厳しい口調で「動くな、そこに立ったまま門を閉めろ」と命じました。私は北京語を話すことはできませんが、聞き取ることは少しできました。そして、彼らは立ち去っていきました。のちに私は、彼らは家の外で長時間監視していたのかもしれないと思いました。

育霖は東京帝大在学当時に空手の初段を取得していました。「検察官になるならば、身体を鍛えなければならない。凶悪犯に重い判決を下して、万が一復讐されることも想定して、自らを守る能力を持っておかなければならないのだ」と言っていました。しかし、逮捕、連行されたその時、育霖は銃を手にした相手にはなすすべがありませんでした。空手でどんな段位を持っていようが意味はなかったのです。

王育霖が京都地裁勤務時に着用していた検事の法服とシルクハット

育霖の受難から何年も経ってから、ある日本人が育霖の弟、王育徳に服を贈ろうとした際、育徳は「名前が刺繍された服を頂いても、私は受け取りません。絶対に名前を刺繍しないでください、私の兄は背広のネームのせいで、命を失ったのですから」と話したそうです。

混乱の中での夫探し

王育霖が連行されてから一週間ほど経った頃でしょうか、一人の男性が家に私を訪ねて来ました。その男性は一枚の紙を示し、「これを見なさい」と私に言いました。それは「憲兵第四団」の名入りの便箋でした。そこには「命の危険があるので、すぐに劉啓光と林頂立に会いに行って助けを求めてほしい」と記されていました。私はすぐにその文字が育霖の筆跡だとわかりました。

私は手を伸ばして、その便箋を受け取ろうとすると、男性は「この紙を持っていてはならない」と言うと、私に渡さずにビリビリと破ってしまいました。男性は自分が再び捕まるのが怖いから、この紙は渡せないと話しました。何と、この男性はいわゆる〝ごろつき〟で、詳しいことはわかりませんが、何か事件を起こして逮捕され、取り調べでしばらく留置されたあと、釈放されたということでした。そして「奥さん、急がないといけない。今朝、王さんは服を着替えるよう言われていた。別の監獄に移ることになるかもしれないよ」と言いました。

育霖もこの男性と一緒に勾留されていたようでした。果たして育霖がいったいどのような方法で、あるいは金品を与えて依頼したのかはわかりませんが、この男性に危険を冒して、わが家まで手紙を届けてもらうように頼んだのです。

私は便箋に記されていた劉啓光と林頂立の名前は知っていました。しかし、私は毎日、家事と子供の面倒を見るのがもっぱらで、家の外との接点はほとんどなく、当然、この人たちとの面識はありませんでした。でも、たとえ面識がなくても、育霖が彼らに会いに行ってほしいというからには行かなければなりません。私は育霖から新竹県長の劉啓光について聞いたことがありました。新竹市長郭紹宗の汚職事件の際、劉啓光は育霖に「郭紹宗は間違いなく横領をしている。捜査すべきだ」と言ったそうです。

私は劉啓光の家を訪ね、事の経緯を話すとともに協力を依頼しました。彼ははっきりと「わかりました、協力しましょう」と答えました。ところが、その後、何らかの動きがあったり、知らせがもたらされることもありませんでした。二回目に訪ねた時も、彼は協力すると言いました。いったい何回お願いしに行ったか覚えていませんが、結局、進展はまったくありませんでした。

もう一人の軍統局台湾站長の林頂立については、まったく伝手《つて》がなかったことから、合作金庫の総経理を務める母方の叔父、劉明朝に助けを求めるしかありませんでした。劉明朝は合作金庫に勤務する馬君助という外省人の協理に林頂立との仲介を頼み、私はようやく林頂立と面会することができました。

私は林頂立に会うと、あらましを説明しましたが、林は聞き終わるとすぐに「この件に関して私は力になれない」と答えました。私はこの人でも力になってくれないとなると、事態は思う以上に深刻だと感じました。私は彼ら二人を何度も訪ねました。

劉啓光はいつも「問題ない、必ず最大限協力しましょう」と言いました。しかし、林頂立はほとんど取り合ってくれませんでした。私が二人を訪ねる時は、いつも一人でした。万が一、何か注意を要する話になった場合、ほかの人が一緒だと、都合が悪いかもしれないと考えたからです。私はあらゆる伝手を頼って援助を求めましたが、王育霖の所在はもちろん、安否すら不明でした。

当時、長男の克雄は二歳九か月、次男の克紹は三か月になったばかりでした。私は毎日、夫を探して、どこかで遺体が見つかったと聞けば、子供を背負って夜中でも出かけました。自分の足だけが頼りで、昼夜を問わず、車を使うこともなく、どこでも歩いていきました。私のほか、同じく連行され消息不明だった林茂生、陳炘、李瑞漢、李瑞峯、施江南らの夫人たちは、関係当局へ陳情や要請に出かけたり、遺体が見つかったと聞けばその確認に出かけたり、連日、それぞれの夫の行方を探し回っていました。

援助を求める相手宅を訪問する際、私は幾ばくかのお金と贈り物を持参しました。彼らはお金は受け取らず、贈り物だけを受け取りました。なぜ、お金を受け取らなかったのでしょうか。やはり、私たちの夫は一定の社会的地位があり、その家族からの頼みに十分応えられないと考えたことから、受け取らなかった可能性があります。

その後、陳炘夫人は私に「捕まった人たちは皆、死んでしまった」と告げました。私が「なぜ、そう思うの？」と問うと、陳炘夫人は「私は報奨金として一〇万元用意した。誰かが夫の安否が確かめられるものを持ってきて、彼がまだ生きていることを証明できたら謝礼に一〇万元支払う」と答えました。当時、一〇万元はたいへん高額でしたが、それでも消息に関する情報はまったく得られませんでした。

このようなことからも、私は夫たちがもはや生きてはいないのではと思いながらも、「そんなことないでしょう。そんなひどいことってある？　こんなかたちで死んでしまうの……」としか、かける言葉がありませんでした。

そして、悪い予感どおりでした。三月一一日以降、連行された人たちは皆、再び帰ってくることはありませんでした。林茂生、陳炘、李瑞漢、呉鴻麒、阮朝日……、多くの知識人が理不尽にも手にかけられ、非業の最期を遂げたのです。

ジョージ・H・カー副領事

私が援助を求めて訪ねた一人に、駐台北アメリカ領事館のジョージ・H・カー副領事がいます。カーは王育霖の台北高等学校時代の英語教師でした。

私はカーに「どうして、彼らは王育霖を連行したのでしょう。できるだけ早く私の代わりに理由を聞いてもらえませんか」と相談しました。しかし、カーと私は言葉が通じませんでした。彼は私の話が聞き取れず、私は彼の言葉を聞き取ることができませんでした。状況は切羽詰まっていました。

そこで、カーは私をともなって馬偕医院へ行き、そこで勤務するイギリス人女性医師に英語と台湾語の通訳をしてもらいました。イギリス人医師は「残念ながらカー副領事は助けることができない。できるだけ早く、ほかの人にあたって欲しい」ということでした。私はのちに、二・二八事件ではカー自身にも命の危険が迫っていたことを知ったのでした。

当時、カーは一台のジープを持っており、艋舺（現在の台北市萬華区）で茶を商うイギリス人の友人にそれを貸していました。その日の夜、このイギリス人はこのジープで円山に向かっていたところ、見知らぬ者から突然、発砲され、銃弾一発がハンドルに当たったということでした。この襲撃を聞いたカーは、自分こそが暗殺の標的になったのだと知りました。カー自身の安全も守れないまま、他人の身を守ることなどできる状況ではなかったのです。

それからしばらく経って、アメリカに帰国することになったカーは、台湾を離れる前、人を介して私に別れを告げてきました。それによると、帰路、南京に立ち寄り、蔣介石に対し、すべてはいったい何が目的であったのかを質すとともに、多くの人たちの連行はまったく不当なものである、王育霖は何も悪いことをしていないと保証する、と伝えるとのことでした。この時、カーは葉さんという方を使いとして寄越し、たくさんの粉ミルクやエバミルクを届けてくれました。そして、必ず南京で蔣介石にはっきりと説明するので安心してほしい、と伝えてきました。

夢の中で

夫探しの日々はとてもつらく、その心境はとても複雑なものでした。どこかで身元不明遺体が見つかったと聞けば、急いで飛んでいきました。そこへ向かうときはとても憂鬱でしたが、いざその遺体が他人であれば、心の中で「よかった、育霖じゃなかった」とこっそり喜び、その帰りは一時の安堵と未だ安否が確かめられない焦りが入り混じった気持ちでした。しかし、実際には不安ばかりがつのる自分自身を騙していただけだったのです。

のちに、花蓮の張七郎のお孫さんから、国軍第二一師団は基隆上陸前、すでに逮捕者の名簿を用意していたと聞きました。では、その名簿はどこから出てきたのでしょうか。

私たちの自宅は七条通りの外れでした。同様に二・二八事件の受難者である李瑞漢夫人は、どこから聞きつけたか、私が女一人で二人の子供と暮らしていることを知り、うちに来ないかと声をかけてきました。夫人は「うちは私のほかにも二人の奥さんがいて、ともに夫探しをしなければならない。

今後、一緒に出かける際も便利でしょう」と話してくれました。

こうして私は李家で暮らすことになりました。李瑞漢、李瑞峯兄弟の家は一軒の住宅に二世帯が住んでいました。私はそこで数か月暮らし、三人の妻は子供の面倒を見ながら、夫探しの日々を送りました。

七条通りの家の大家の奥さんは、王育霖が連行されてからほどなくして、育霖がわが家の畳の上を行ったり来たりする夢を二度見たと、ためらいつつ話しました。

李瑞漢の家に引っ越した初日、私も育霖の夢を見ました。育霖は慌てふためいたようすで現れると、出会い頭に「どこに行っていたのだ。見つからなかったじゃないか。なぜ引っ越したことを言わないのだ」と怒鳴りました。私が「パパ、あなたを探しているけれど一向にみつかりません。ご飯はお召し上がりになりましたか。食事を作って差し上げましょうか。もう、離れないでください。探すのは本当にたいへんなのです」と話すと、育霖はまた「引っ越しについてなぜ私に告げなかったのか」と聞くので、私は再び「見つからないのに、どうやって伝えることができますか。どこに行かれたのですか。ご飯はお召し上がりになりましたか」と尋ねました。

奇妙なことに、夢枕で育霖に会ってすぐ私はお腹を空かせていないか心配になり、食事をさせてあげようと考えたのです。育霖が「ちょっと出かけてくる。すぐに戻る」と言ったので、私は「もう出かけないでください。今回はいつ戻られるのですか」と問いました。すると、育霖は「私はあそこで暮らしている」と言いながら、ある場所を指差しました。顔を上げるとタイワンヒノキが二列に植えられた芝の奥に、こんもりとした土盛りがありました。育霖はそこに住んでいると話したのです。

私が「あそこに住んでいるのですか。どうやって探したらいいのでしょう」と問うと、育霖は「林茂生は私の隊長だ。隊長を訪ねれば私がどこで暮らしているかわかる」と答えました。私が夢の中で「林茂生、林茂生、絶対忘れてはいけないわ」とぶつぶつ唱えていると、心の中で大きな音が鳴り、大声で「林茂生」と叫んだ私はそこで目を覚ましました。

目を覚ました時、私は林茂生を探さなければならないことをはっきり記憶していました。そして、一歩家を出てからようやく「ああ、林茂生はすでに亡くなってしまっているんだ。私は一体、どこに探しにいこうとしていたのか。林茂生が隊長ならば、育霖も一緒に埋葬されているのだろう」と思いました。私はその時、ようやく育霖はすでに死んでおり、もはやどうしようもないと悟ったのです。

それからも毎晩、育霖が夢の中に出てきました。その顔は腫れ上がっており、歯も何本か抜けていましたが、それでも育霖だとわかりました。私が「パパ、ご飯は召し上がったの。食事を作って差し上げましょうか」と尋ねると、育霖は「ちょっと出かけてくる。すぐに戻る」と言いました。育霖が話す言葉は毎回これででした。

毎晩、こんな夢を見続け、頭はボッーとしているし、身体はみるみるやつれ、自分自身でも恐ろしくなりました。私を心配した母は「焼香をして育霖さんに『このままの生活を続けると私の身体は日々衰弱して、とても二人の子供を養っていけません』と伝えなさい。あなたは子供のために台南に戻るのです」と言ってきました。

果たして、私が焼香をし、一部始終を育霖に伝えると、夢を見ることは減りました。ただ、なおも幽霊が子供たちをさらっていく夢はたびたび見ました。蚊帳の中に、整った顔をした霊がゆらゆらと漂っています。私はぼんやりしながら、幽霊がやってきた、子供をさらいにやってきたと感じていました。深夜三時に起きて、お乳をやり、そのまま子供を抱きながら五時に再びお乳をやります。半分目覚め、半分眠った状態で幽霊が子供たちをさらいにくる夢をみるのです。霊が子供をさらっていく夢でなければ、育霖が弱々しい声で何かを話そうとする夢を見ることになり、私の神経はもう、どうにかなってしまいそうでした。

育霖が連れ去られたあの日、兵士が銃口を私の喉に突きつけました。私にとって今まで経験したことがない恐怖でした。これほど直接的、かつ強烈な戦慄を感じたことはありませんでした。そして育霖が殺害されたのはほぼ間違いなく、このようなショックが重なり、私がこうした荒唐無稽な夢を見るようになった原因だと考えています。

こうした日々がおよそ半年間続きました。毎日、涙に暮れぼんやりと過ごしながら、二人の乳幼児を抱えた私は、もう台北を離れるべきだと感じたのでした。

台南への帰郷

二・二八虐殺事件が発生し、王育霖が連行された時、私はまだ二六歳でした。台北で暮らしていけなくなったため、二人の子供を連れて台南に戻ることを決めました。

私は陳家では一人娘だったので、母も兄弟もとても可愛がってくれました。そして、思い切って官田の実家に戻ってくるように勧められました。家族は「あなたたちが来てもご飯の量が何杯も増えるわけでもないのだから」と言っていましたが、私はそうは思いませんでした。私が実家に戻ったら、母は私たち親子三人の面倒を見ることになります。私には夫がおらず息子たちにも父親がいないので、そんな私たちを不憫に思い大事にしてくれることは決まっていました。

実家には兄嫁もいることから、私たちが厚遇されれば母の立場が悪くなりかねませんでした。また、田舎のことですから、近所の小作の人たちは私たちを見かけるたびに「可哀想ね」と口にすることは避けられないでしょう。そんな言葉を母が思いがけず耳にしてしまったら、傷ついて泣くことでしょう。私が母の近くにいなければ、母は幸せであれやこれや心配する必要はないのです。私が実家に同居すると母に迷惑がかかってしまうことになるのです。そう考えた私は、悲運に見舞われたことは私一人で背負い、家族は道連れにはしないと覚悟したのです。

私は克雄と克紹を連れ、実家の陳家ではなく、台南の王家に戻りました。育霖の父、王汝禎の一人目の夫人、洪銓は私たちをそれなりに可愛がってくれましたが、まもなく亡くなってしまいました。王家で暮らすようになってから、「三婆婆（王汝禎の第三夫人、蘇揚）」の私たちに対するいじめはひどいものでした。

蘇揚はしばしば、義父、汝禎の前であえて揉めごとを起こしました。とにかく、私たち親子三人を家から放逐すれば、出費が減り財産を守れると考えていました。私が懸命に彼女へ尽くそうとしても、私たちを追い出そうとしました。彼女は毎朝六時の線香三本を手にして拝礼する時間から罵り始めました。執拗な嫌がらせが六か月にわたって続きました。いったい誰が耐えられるというのでしょう。しかし、私は二人の幼子を養うため、じっと耐えました。

王家で暮らしていた時、息子の嫁たちは交代で食事の用意など、すべての家事をしていました。理屈から言えば、王家には息子の嫁が四人おり、一か月ずつ交代で家事を担当するはずですが、王育徳はその頃はすでに日本に逃亡していました。それに育徳は育霖と同母兄弟であることから、私はこの分も担わなければならず、義理の両親に仕え、育徳の妻の代わりに一か月余計に家事を担当することとなりました。

今の人に聞かせたら、信じられないかもしれません。義父は一日三食に加え、一日二回、甘味を口にしていました。私は食事を作ると必ずお盆に載せて、義父のもとへと届けなければなりませんでした。私は子供を背負いながら食事を用意し、休む間もなく掃除、洗濯、お茶の用意などのほか、大家族二四人が行水をするための熱いお湯の準備もありました。つまり私は自分と大家族の大小の世話をすべて一人でこなさなければならなかったのです。

王家は商いをしていたので、昼間、店員が働いているあいだは、掃除をしてはなりませんでした。そのため深夜になってから水を汲んで天秤棒で運び、一つひとつの石レンガを洗いました。この時代の古い家は地面の上にまず木の板を敷き、その上にさらに石レンガを敷いていたため、下駄を履いて歩く際に音を立てないようにするのは困難でした。私はそこを歩く際、猫のようにそっと「コッコッコッ」というわずかな音だけしか立てないように注意しました。しかし、三婆婆は、義父に「あなたが病気になったというのに、あの嫁はああしてあなたを死に追いやろうとする。ほら、あなたも聞いたでしょう。昨晩もあの人は行ったり来たり、いったい何往復したのかしら」と悪態をついたのでした。

あくる朝、義父に呼ばれると、義父はいきなり「いったい君は昨晩何往復したんだ？」と問いました。私は「昨晩、裏庭に行って水道の蛇口を閉め、台所の明かりを消しましたので、合わせて三往復です。六回行ったり来たりしました」と正直に答えました。すると、義父は大声で「お前は私が病気だと知っているだろう。敢えて、嫌がらせをしようとしているのか」と詰問しました。私は涙ながらに「私がそんな人間に見えますか。私はただ子供や大家族に尽くそうとしているだけで、決してそんなことはしません。私の努力が足りないのでしょうか。ほかの人よりさらにがんばり、神様にも見ていただきます。どうかお願いです、私の状況を理解して下さい、そして信じて下さい」と訴えました。しかし、義父は私の言葉を聞いても、まだ半信半疑で「では、なぜほかの者はあのように言うのだ」と釈然としない表情でした。

残された息子たちとともに

克雄と克紹は二人とも言うことをよく聞き、母親の境遇を多少なりとも理解しており、幼い頃から物わかりがよい子供でした。大家族は人間関係が複雑だったので、私はとても厳しくしつけました。たとえば、私が今日は部屋から出てはいけないと命じると、二人は一歩も出ることはありませんでした。

「四合院」建築の実家で暮らすなか、夫もおらず、夫の産みの母もいなかったため、私の立場は弱く、家の中で居場所を求めることなどはさらに困難で、誰しもが私たち親子をいじめることができました。子どもたちが口論すれば、義父はまず私の息子たちを叱り、その後、しつけがなっていないと私を叱りました。三婆婆も事あるごとに、口を開けば罵詈雑言といった具合で、そのうえすぐに手が飛んでくるので、私たちは言い返すことはできませんでした。

辛かった出来事といえば、ある日、私は子供に弁当を持たせようと台所で魚を焼いていました。古い家にはネズミが多く、うっかりその魚をネズミに奪われてしまったのです。当時は今のように、手軽にファストフードなどを買えたわけではありません。私は代わりの食べ物を買うお金もなく、情けないのと腹立たしさでネズミの仕業による災難を呪い、思わず「鼠疫（中国語でペストの意）に罹った、鼠疫に罹った！」と悪態をついてしまいました。

すると、これがとんでもない結果を引き起こしたのです。三婆婆は、干支が子年だったことから、私の言葉が自分を呪って出たのだと勘違いして腹を立て、それからひと月にわたって私を罵り続けました。毎日、顔を合わせるたびに罵倒したのです。私は日頃から「細姨（二人目以降の妻、妾や〝二号さん〟の意）」と「丫鬟（小間使い）」という二つの単語は禁句だとして、絶対に口にしないように気をつけていました。しかし、三婆婆に対しては、ネズミという単語さえも避けるべきだったのです。

私は毎日、涙をのんで耐え忍んでいましたが、二人の息子のために王家を離れることはできませんでした。「二伯」（二番目の兄、第三夫人、蘇揚の子）の王育森は、台湾の伝統音楽「北管」を学んでいました。毎日、中庭で楽器演奏や芝居の稽古をしており、昼夜を問わずガチャガチャと銅鑼や太鼓の音が鳴り響き、それが深夜の一時まで続くこともしばしばありました。そして、稽古が終わると夜食のお粥を食べるのでその用意もあり、午前二時、三時まで騒々しく、子供たちは勉強に集中することも、ゆっくり寝ることもできませんでした。克雄は「母さん、家を出て別の場所で暮らそうよ」と言いました。

私は育森に「お願いです。どうか私の状況を理解してください。（育霖の事件以来）神経過敏が深刻なのです。私は朝五時には起き、食事の仕度をしなければなりません。『北管』の稽古を少し早めに一二時にはお終いにしてもらえないでしょうか」と頼みました。しかし、育森は承知せず「お前は何でも口を出す。私の芝居にも口を挟むのか、おせっかいにもほどがある」と反発しました。

この時期の数十年を振り返ると、私は涙の海に浸り続けていたかような日々でした。政府から迫害され、王家の家族からも虐げられ、絶えず責め立てられ、時には我慢できなくなりそうでした。私は一度、義父の友人の張寿齢に「どうしたらいいでしょう。私は頭がおかしくなってしまうかもしれません。もし、精神を病んでしまったら、二人の子供はどうなるのでしょう。私がおかしくなるのは構いません。でも子供たちを巻き添えにして、子らの将来を台無しにしてしまったらどうしましょう」と不安な気持ちを打ち明け相談しました。張寿齢は「そんなに心配しなくていい。気が変になってしまうかもしれないと、自分で心配する人はおかしくなってしまうことはないから」と慰めてくれました。

当時、王育徳は東京にいました。人づてに私が苦しい日々を送っていることを聞いた育徳は、「もし、台湾で暮らすのがそこまでたいへんだったら、日本に来たらどうだ」と言ってきました。私も台湾を離れたいと思いましたが、私の立場と事情では出国するのは容易なことではありませんでした。

王育徳の日本亡命

私の境遇は、ほかの二・二八事件の受難者よりもさらに悲惨でした。なぜなら、私には日本で台湾独立運動に参加している育霖の弟、「小叔」王育徳（訳注）がいたからです。

二・二八事件発生後、育霖は連行され、消息不明になりました。私はただちに台南の王家に伝えることはできず、王家の人々は世間の噂を聞いてようやく知ることとなりました。育徳は知らせを聞いたあと、詳細、真相を知りたいと、すぐに台北にやってきました。そして、育霖を探してあちこち走り回っている私を見かねて、しばらく付き添ってくれました。

王育霖と育徳は同母の兄弟です。若くして母を失い、育霖は母に代わり、弟の面倒をよく見ていました。二人は苦楽をともにしながら成長し、仲良しで、夫婦のようでした。二人とも話題が豊富で、いつも政治や文学を語り合っていました。一人は法律、もう一人は文学によって、台湾をより民主的な社会にするとともに進歩させたいと望み、いかに改革を実現するかなどと話していました。二人は食事をするにしても、将棋をするにしても、いつも一緒でした。私は王育徳がのちに日本に渡り、台湾独立運動に加わった大きな要因は兄、育霖のためであったと考えています。

育霖と結婚後、私たちは日本で暮らしました。育徳も一時期、私たちの家に同居していました。戦争が激しくなるなか、育徳は台湾に戻りたいと言うようになりました。私たちは戦況が悪化しており海路は危険すぎる、帰るべきではないと諭しましたが、育徳は考えを曲げませんでした。

この時、育徳は東京に、私たちは京都に住んでいました。一九四四年六月初め、台湾へ発つことになった育徳は、育霖に電報でいついつの列車で東京を発ち、門司から船に乗るので京都駅で待ち合わせたいと伝えてきました。しかし、私たちが電報を受け取ったのが遅すぎたため、育霖が京都駅に着いた時には、列車はすでに京都を出発しており、二人は会うことができませんでした。育霖は京都駅から肩を落として帰宅すると、私に向かって「育徳に会えなかった。これから急いで門司に向かう」と言いました。私が「どの船に乗るか知らないのに、どうやって見つけるのですか？」と尋ねると、育霖は「大丈夫だ、自信がある。探しに行くよ。絶対見つけられる」と答えると、すぐに門司に向かいました。そして、門司に到着した時、育徳が乗る船は出港直前でした。ぎりぎり間に合い、育霖は育徳に会うことができたのです。埠頭で二人は今生の別れかもしれないという心境で抱き合いました。

日本人は送別の際、お酒を酌み交わしますが、二人は酒を持っていなかったので、水盃を交わしました。戦争中の世の中では何が起こるか予想もつきません。戦争が激化するなか、日本や台湾の周りの海には多くの機雷が敷設され、またアメリカ軍の潜水艦も行動している状況で、危険な航路を行くのは、生死の予測もつかず、再び会えるかどうかもわかりませんでした。

育霖はわざわざ用意してきた一本の鰹節を育徳に手渡し、「万が一、船が沈没して漂流することにでもなったら、この鰹節を海水に浸して、しばし飢えをしのぐんだ。これで少しでも長く耐え抜いて、命だけは助かるかもしれない」と伝えたのです。

育徳は無事に台湾に戻ることができました。その後、台南一中で教鞭を執りながら、「新劇」運動に加わりました。戦後、私たちが台湾に戻った時、育徳は「また演劇をやっていく」と話していました。演劇のため、舞台化粧や付け髭などで扮装した育徳の姿を見ましたが、見事に役に扮し演技も上手でした。文学の才能があった育徳は脚本も手がけるなど多芸多才でした。

特に戦後、上演した芝居は悪政を風刺したり、庶民の不平不満を代弁したものも多く、しばしば国民党政府を刺激しました。育徳は当局から目をつけられ、たびたび管轄部署に呼ばれ、注意や警告を受けていましたが、その生き方を変えることはありませんでした。

二・二八虐殺事件が発生、育霖が連行されたことを知った育徳は、ただちに台北へ駆けつけてきて、私に代わり育霖の消息を確かめるためにさまざまな人を訪ねました。私には育徳の心情が痛いほどわかっていました。その後、王白淵が取り調べを受けると、育徳は逃亡を考えるようになりました。私は育徳に「逃げてこそ命拾いする。逃げなかったら命が危ない」と伝え、早く逃げるよう勧めました。

一九四九年、育徳はまず飛行機で香港に渡ってから、船で日本へ密入国しました。日本では在留登録がないため、日本の入国管理局（当時）から国外退去を命じられましたが、育徳は在留許可を求めて裁判で争うとともに、日本の新聞や雑誌などを通して、二・二八虐殺事件と王育霖の受難の経過や、国民党の反体制派への弾圧などの実情を伝えました。育徳の訴えは、日本政府が事実関係の調査に乗り出した結果、ようやく政治亡命が認められ、在留許可が与えられることとなりました。

育徳が日本で台湾独立運動に参加していたことから、私は台湾でさらに困難な境遇となりました。助けを求めようにも〝救う神はなし〟という状況でした。国民党の特務機関は、しばしば私に育徳に対し、独立運動など続けてはいけないと勧告する手紙を書くよう命じました。私は彼らに「私は子供の頃から日本語ばかり学んだので、中国語の文章は書けない」と訴えました。すると、彼らは用意していた一通の手紙を取り出し、「これにあなたの拇印を押せばそれでよい」と言いました。私は「それはだめです。私にはここに何が書いてあるのかわかりません。もしも、これに私たち家族の財産を没収することを認めるなどと書かれていたら、収入もない弱い女と二人の幼児はこれからどうやって生きていくのですか」訴え、「拇印を押すことはできません」ときっぱり断りました。

彼らは「心配するな。そのようなことは書いてない」と言いましたが、私は「文面の内容がわからないのです。ここに私を処刑すると書いてあるかもしれないのに、どうして拇印など押せますか。夫はもう死にました。私に付きまとうのはもうやめてください」と反発しました。なおも執拗に押印を迫る彼らに、私も断固として言い返していたのです。

彼らの威圧や脅迫は、こればかりではありませんでした。台南での日常生活でも外を歩いていると、誰かが後ろをつけてきて監視されていました。振り返ると姿を消しますが、再び歩き出すと、また誰かが尾行してくるのです。ある時、私はわざと回り道しました。路地の角をあちこち曲がって尾行をかわそうとしましたが、彼らはぴたりと付いてきて離れませんでした。

人につけられているというのは、いずれにせよ気分が悪いものです。しかし、ある友人は私に「あなたは意気地なしねえ。もしも人を雇って自分の後にぴったりついてきて欲しいと頼んだら、すごくお金がかかるわ。あなたは一銭も払っていないのに人が見守ってくれている、事故や犯罪に遭ってもすぐに助けを呼べるじゃないの。いいわねえ」と言いました。私はこの冗談を聞いた日から「いいわ、つきまとうなら、もう気の済むまでどうぞ」と思うようになったのでした。

国民党が特に知りたがっていたことは、育徳がどうやって私に連絡をとっているかについてでした。彼らの監視方法は〝どんな手段もあり〟といった具合で、いわば、天地四方を覆った包囲網でした。電話も盗聴され、友人は「あなたの家の電話はおかしいわ。いつも変な音が聞こえる」と言いました。

国民党の特務機関は台北でも、王育霖の姉、次女の錦香を訪ね、私と同様に育徳に手紙を書くよう強要したことがありました。慌てた錦香は「育徳の台湾の家のことは一切、陳仙槎に任せており、何か用があるのならば、あの人を訪ねたほうがいい」と、面倒なことはすべて私に押し付けたのです。

その結果、特務は再び私のもとに来て、脅迫するようになりました。私は彼らが「廖文毅」と同じ方法をとること、つまり、私たちを人質にして、育徳に帰国、帰順を促すのではないかと憂慮していました。のちに私はそもそも育霖が連行されてしまっているのだから、私まで殺そうとすることはないだろうと思うようになりましたが、とにかく、私は彼らの強要から逃げ回り、近況などを知らせる手紙も書きませんでした。育徳は兄嫁がこんなことになっていると心配する以上に、克雄、克紹のことはもっと心配するだろうと思ったからです。

一九七七年、私は戦後初めて海外へ出ました。アメリカに克雄を訪ねたのです。私はこの機会に日本に立ち寄り、こっそり育徳に会おうと考えていました。しかし、アメリカからの帰路、日本に立ち寄るべきでした。そのほうが私の目的を当局に気づかれにくかったでしょう。日本行きのビザが下りると、警察はすぐに家にやって来ました。

警察は「日本に行くのですね。夫の弟、王育徳を訪ねるのでしょう」と聞いてきました。私は否定するほかなく「いいえ、どうして育徳のもとを訪ねることができましょう」と答えました。すると、警察は再び「あなたの義理の弟は、いったいどんな人物と交際しているのか」と聞いてきたので、

「私はただ家事をしているだけの女です。電話もかけたことも、手紙を書いたこともありません。育徳とは、いる世界が違います。私がどうしてそんなことを知ることができましょう」と言いました。

彼らはそれでも諦めず、引き続き「あなたは王育徳を訪ねに行ってはならない。さもなければ、私たちはあなたに同行することになりますよ」と警告してきたので、「どうぞ、好きなようにしてください。「四姑（四番目の伯母）は日本にいますが、私は四姑を訪ねることも許されないのですか」と言いました。

このような脅しを受けながらも、私は日本へ行って、当時、日本の大学で教鞭を執っていた王育徳と会うことができました。とても苦労しました。私はまず、東京に住んでいた伯母の錦碧、つまり育霖の四番目の姉に会いました。私たちは尾行を恐れ、育徳を直接、訪ねることは避けました。私と伯母は、朝早く待ち合わせをして買い物を装って出かけ、あちこちデパートなどを歩き回りました。私たちは何も買い物もせず、店頭の品物を見ながら、ただただ時間を過ごして、あらかじめ打ち合わせておいたとおり、育徳が学校での講義を終えた後、ようやく再会したのです。

私たちは外で会いました。育徳はしきりに自宅に立ち寄っていくよう勧めましたが、私は絶対にそれだけはだめですと固辞しました。私は「台湾では絶えず誰かにつきまとわれ、ここでも監視されているのではないか不安で仕方ないのです」と説明しました。

以前、私たちの連絡方法は簡単でした。もしも知人が日本から台湾に戻るのであれば、育徳は私宛てのメモをその人に託していました。反対に誰かが日本に行く際には、私はメモを託す勇気はなかったので、口頭で用件を伝えてもらうだけにとどめました。実際、頼んだ伝言の大部分は、克雄と克紹が今どこの学校に通っているのか、成績はどれくらいかなど、家庭内の出来事についてでした。

克雄は台湾大学電機学科を卒業後、アメリカに留学しました。育徳は自身の著書『台灣—苦悶的歴史』（日本語訳『台湾—苦悶するその歴史』）を克雄に送り、克雄は育徳の代わりにこの本の販売に力を注ぎました。当然、これは国民党の知るところになり、腹を立てた当局はわが家に嫌がらせをするようになりました。

一九七七年に日本の育徳を訪ねた際、育徳から「もしも、お姉さんの息子たちも台湾独立運動に参加したらどう思う？」と質問された時、私は「これまでの脅しや圧力にすっかり怯えています。私は怖いです」と率直に言いました。すると、育徳はさらに「もし、息子たちが自発的に始めたらどうしますか？　それでも怖いですか？」と問いました。私は「はい、怖いです」と答えるしかありませんでした。

私は台湾で暮らしているので、自由に発言することはできません。しかし、海外であれば別です。私は「王育霖一人で十分です。もしも息子も捕らえられるようなことになったら、私は死にます。もう生きていけません」と訴えました。

人間の心というものは、矛盾もあり複雑なものです。私は育徳が台湾独立運動に参加することには賛成です。ただ、同時に申し訳ない気持ちも感じたのです。私は「もし、あなたが兄のためだと思って運動に参加しているのだったら、私は正直、その責任まで負うことはできないわ」と伝えました。すると、育徳は「兄さんのためじゃない、自分の理想を実現するために参加しているんだ」と語りました。

育徳が消極的、否定的な態度の私に腹を立てていることを知っていました。しかし、どのように説明すればいいのでしょうか。人にはそれぞれの立場があるのです。私は育徳と会った時、ほとんど兄、育霖の話題に触れませんでした。育徳は育霖の話になれば、私が一層、傷つくことを恐れていたのです。

王育徳はとても熱心に台湾独立・民主化運動に取り組んでいました。また、台湾人元日本軍兵士・軍属の補償問題を提起したのも育徳です。秋本英男弁護士をリーダーとする一〇人の弁護団は一〇年間にわたって、この訴訟の弁護に無償で協力し、一円たりとも受け取りませんでした。そして、台湾人元日本軍兵士の代表が日本に赴いた際には、その接遇を育徳が行ないました。裁判長は育徳の台北高等学校の恩師でした。控訴審の判決書には「法律上は賠償の必要はないが、道徳上賠償は必要」だとする付言が添えられました。

育徳はこの判決に対し、病の身でありながら論評を記しました。そこには「この訴訟は一見負けたかのようだが、実際には勝利したのだ」と書かれていました。この時、育徳の身体はすでにとても衰弱しており、死期も迫っていました。そのため書かれた文字に力はなく、途切れ途切れに乱れていました。

訳注：王育徳氏は一九四九年七月に日本へ密入国、翌五〇年四月、東京大学文学部中国文学科に復学。五三年一〇月、正式な在留許可を得るため警視庁に出頭、入国管理局に送られ、国外退去を命ぜられるも、これを不服として訴訟を提起、一審、二審、控訴審で敗訴、上訴審を経て在留特別許可を得た。六〇年、東京大学博士課程修了、文学博士。言語学、特に台湾語研究の第一人者となる。六七年以降、明治大学、東京外国語大学などで教授、講師を歴任した。八五年九月九日死去。二〇一八年、台南市内に『王育徳紀念館』が開館した。

息子の克雄と克紹

王育霖は子供をとても可愛がる人でした。仕事の合間などに、しばしば汽車を見せようと克雄を連れて散歩に出かけました。ただ、克雄は当時ようやく三歳になったばかりで父親の記憶はまったくありません。克紹に至っては生後三か月ほどですから、さらに何も覚えていないでしょう。

二・二八虐殺事件の受難者の一人、呉鴻麒の夫人は、故人の日記や書簡などをほぼ完全な状態で保存しています。呉夫人は早い段階で、南港橋で夫の遺体を見つけ、家まで運んだ後、カメラマンを呼んで遺体を撮影させ、呉鴻麒の遺品を一つ残らず保存しました。そして「今後は子供たちにしっかり引き継いでいく」と話しました。

しかし、私の状況は違いました。一向に遺体は見つからなかったことから、心の中にはどこか僥倖に頼る気持ちがあり、いつの日か育霖が突然帰ってくるのではないかという期待がありました。

育霖の蔵書の大部分は戦後、京都の家主に預けてしまい、台湾に持ち帰ってくることはできませんでした。二・二八事件に続いて育霖が連行された二、三日後、ある人が厚意で、日本人と交流や関わりがあった人は死刑になるかもしれないから、証拠となるものは早く燃やしてしまいなさい、と助言してくれました。

育霖の命を救うためであればと、私は育霖の蔵書や文書、日記、手紙、書類などの焼却を始めました。ほかの人に見られるのが心配だったので、夜にこそこそと目立たぬよう燃やしましたが、すべて燃やし尽くすのに三夜かかりました。

台南に戻ったのち、王育徳が独立・民主化運動に参加し、海外に密航したことから、当局を怒らせました。私たちは再び育霖、育徳兄弟に関する著作、書籍、写真、手紙などを燃やしました。そのため、私の二人の息子たちは、父親のわずかな記憶を思い起こさせる品さえもほとんど失われてしまっています。心から残念に思います。

もし、あの時、育霖が二度と戻ってこないと知っていたなら、私は必ず大切に保存したことでしょう。

克雄と克紹は二・二八虐殺事件を知っていたかどうか。克雄は早くから知っていたと思います。ただ、克雄は私にそれを尋ねたことはなく、私も伝える勇気はありませんでした。

克雄が台南一中の中学部二年の時だったと思います。「父の日」の当日、教師がクラスで父親のいない生徒は挙手するように言い、一人ひとりに「あなたの父親はどういう理由で亡くなったのか？」と尋ねたそうです。克雄は「私の父は病気で他界しました」と答えると、教師は「何の病気で？」とさらに尋ねました。克雄が「当時、自分はまだ幼かったので母から病気で死んだと聞かされました」と言うと、教師は「では帰ったら、お母さんに何の病気で亡くなったのか聞いてきなさい」と命じました。

克雄は帰宅すると、「先生がお父さんは何で死んだのか聞いてきた」と言いました。私は思いがけない言葉に緊張し「どう答えたの」慌てて問いました。克雄は「知っているよ、でも答えなかったよ。先生は僕に二・二八事件で死んだって答えさせたかったんだろう」と言いました。私は「絶対に口にしてはだめよ。病死だとしか答えてはいけません」と言い聞かせました。これは特務機関による調査だったのだろうと、私は考えています。きっと、私たちが子供たちに二・二八虐殺事件に関することを教えているかどうかを調べたかったのでしょう。

克紹に至っては、私はさらに事実を知らせたくありませんでした。なぜなら、克紹はとても真っ直ぐな性格なので真相を知って、万が一、父親は殺されたなどと口にしたら、どんな災厄が及ぶことになるかわからないからです。

子供の頃、克紹は学校から帰ってくると、「反共八股」（訳注：一九五〇年代の台湾で多数発表された〝反共小説〟の総称。八股とは科挙で要求された完全にパターン化された文章のこと）を朗読し、国民党を讃美しました。それを見ていた私は「そう、いいわよ。それでいいのよ」と褒めました。

私が事実を伝えたのは克紹が高校進学後でした。しかし、克紹はその時点ですでにうすうす気がついており、それについて何も質問しようとしませんでした。しばしば母親が泣いている姿を見ていたため、何か聞いたらまた泣かせてしまうかもしれない、と心配していたのです。

克雄が高校生の時、「母さん、僕は将来、法律を勉強したいんだけど……」と言いました。私は「何を言っているの。あなたの父親が法律家になった結果、どんな悲惨なことになったか知っているでしょう。ひどい目に遭うのはもう十分、これだけは私は絶対に譲れません。決して法律家は認めません」と伝えました。二人の息子は、母親に気をもませることを案じていたので、それ以降、法律を学びたいと言うことはなくなりました。

夫と父を亡くした母子の生活は惨めです。克紹が兵役に就いた時、私はちょうど腎結石を患っていました。長らくの闘病生活中でしたが、克紹に会いに行きたいと思っていました。克紹は私が長時間、車に揺られてくることを心配し、あえて「ママ、ここの部隊には誰も家族が面会に来ないよ。幼稚園児じゃないんだから、お母さんに会いたいなんて言う者はいないよ」と伝えてきたので、私は息子の顔が見たい気持ちは変わらないものの「あら、そうなの」と、返すほかありませんでした。

のちのある日、克紹の机の上に日記が置かれていました。そして、私はいけないと思いつつも見てしまったそのページには「今日は面会の日だった。でも、誰も訪ねて来なかった。一人で営庭の片隅に寝そべって、空を見上げてお天道さまに向かって尋ねた。母さんの一生をこんなに辛いものにさせておきながら、まだ足りないとばかりに、母さんを病気にさせたのはどうしてだ……」と書かれていました。

私は克紹に「馬鹿な子ね。あなたが母さんは来ちゃいけないと言ったのに。叔父さんにお願いして面会に行ってもらうこともできたのに……」と話しました。

克紹が高雄医学院（現在の高雄医学大学）に合格した年のことです。克紹はオートバイの後ろに親戚の子を乗せ、曽文ダムへ遊びに行く途中、玉井で人とぶつかる事故を起こし、相手にけがをさせてしまいました。警察官に派出所へ連れて行かれ、取り調べと事故処理を受けることになりました。すると、克紹は警察官に「罰せられるのは構いません。でも保釈のために家族に連絡するのだけは勘弁してください。もし、僕が事故を起こしたことを母が知ったらとても心配します。お巡りさん、お願いです。けがをさせた方にはお金を貯めて必ず補償しますから、母にだけには伝えないでください」と懇願しました。同情した警察官は意外にも「わかった、事情は承知した」と言い、克紹を罰則処分しませんでした。

これは私が日頃から、オートバイに乗ることを禁止していたからです。当然のことながら克紹は帰宅してもこのことを打ち明けませんでした。事故とその経緯は後日、同乗していた親戚の家族から聞かされたのです。彼女は「克紹は本当に孝行息子ね。生来の怖いもの知らずの性格なのに、あなたが怒ったり、悩んだりすることだけは恐れるのね」と話しました。

克雄の留学

その後、克雄は台湾大学の電機学科に進み、アメリカへ留学して博士号を取得しました。克紹は高雄医学大学を卒業後、台南医院外科主任医師などを経て、現在は台南市で開業しています。

克雄が兵役に就いていたある日、電話での会話の中で、克雄から「台湾大学電機学科の先輩たちはアメリカに行くと引く手あまただ」と聞かされました。当時、電機学科は卒業後の就職などが有利なため、たいへん高い人気がありました。私は「あなた、アメリカに行きたいんでしょう?」と問いました。克雄は「いや、そういうわけじゃないよ」と答えましたが、私は克雄の気持ちを察して「わかったわ。今度戻ってきた時、伝えたいことがあるの」と言いました。

翌週、克雄が戻ってきた時に「ママはあなたをアメリカに行かせてあげましょう」と告げました。今から二五年前、アメリカまでの航空券はとても高額で、克雄は「本当に?」と、とても喜びました。でも、克雄は「かあさん、悲しくないの。また毎日泣いて過ごすことにならないかな」と、私のことを案じていたので、私は「悲しくないわ。あなたがアメリカに行っても寂しくないし、むしろ喜んでいるわ」と答えました。

台湾大学電機学科の先輩や学友たちがアメリカに留学して博士号を取得するなか、もし、克雄にはそれが叶わなかったら、母親である私が息子の希望と将来を阻害したことになる、と思いました。

私はこの時の心情については、今まで口にしたことはありません。じつは克雄が出国後、私は半年あまりにわたって泣いて過ごしました。ご飯茶碗を手にしても、息子のことを思い出し涙があふれました。克雄はきちんと食事をしているのか、寒い日は暖かく過ごしているかなどと、絶えず気になっていたのです。そして、私たち親子が、また会えるのはいつのことになるのだろうと思っていました。

私の兄が「そんなに離れ離れが辛いのなら、はじめから行かせなければよかったのに」と笑ったので、私は「いざ克雄を送り出してしまったら、諦めがつくと思っていたのです。それでもこんなに悲しい気持ちになるとは思いもしませんでした」と明かしました。

じつは、海外に行きたかった克雄は大学入学後に国民党に入党しました。大学の教官から入党するよう誘われたのです。党員になった克雄は「小組(グループ)会議」もまじめに参加していました。

克雄はしばしば私に教官は自分にいい印象をもってくれている、と打ち明けました。私は国民党のやり口、そして特務機関による威嚇や、その横暴さをよくわかっていたので、克雄の入党に合意しました。克雄は「自分は幼い頃から多くの困難な環境のなかで成長してきた。すべての物事について注意を払わなければならないこと、自分自身を守らなければならないことはよくわかっている」と言い、「沈黙こそ最上の策だ」と語りました。

しかし、いよいよ渡米のために手続きを始めると、出境の許可はいろいろと難癖をつけられ長いことかかった末、ようやく下りました。私は克雄が大学生当時に国民党に入った経歴がプラスとなり、最終的に渡米が認められたのだと考えています。そして一九六八年九月、克雄はアメリカへ発ちました。私たちは克雄がアメリカ行きの飛行機に搭乗して、はじめて心の底から安心することができました。まるで、逃亡者を送り出すかのような心境でした。

しかし、それから八年後の一九七六年、「王幸男事件」（訳注1）が発生し、私はまた、衝撃的な出来事に見舞われることになったのです。

王幸男が国民党に逮捕された直後、克雄が電報で台湾に戻ってくると伝えてきたのです。それは出国後、初めての帰国でした。私は「絶対に帰ってきてはいけません。私に会いたいというのなら、すぐにでも私がアメリカに行きます。あなたは戻ってきてはいけません」と伝えました（訳注2）。

その直後、克雄の妻から電話があり、克雄はすでに台湾行きの飛行機に乗ったというのです。私は心配で居ても立ってもいられなくなり、台北の親戚に空港へ克雄を出迎えに行ってもらいました。ところが、親戚は空港で克雄の姿を見つけられなかったと知らせてきました。それを耳にした私は衝撃のあまり卒倒しかけました。

その夜、アメリカに電話すると、克雄の妻は間違いなく飛行機に乗ったと言ったので、搭乗機のノースウエスト航空のオフィスにも電話をかけました。ちょうどクリスマスイブで航空会社には誰も出勤していないのか、まったくつながりません。私は一晩中、電話をかけ続けながら泣きました。克紹は「ママ、しっかりして。倒れてはいけない、一緒にお兄さんの所在を探そう」と励ましてくれました。この時、王幸男の逮捕からあまり時間が経っていなかったことから、克雄の身にも最悪の事態が起こっているのではないかと、私は心の中で「終わってしまった、すべてが終わった」と叫んでいました。

ところが翌日の早朝、思いもかけず、克雄から「大阪にいる」と電話がかかってきたのです。その話では飛行機が遅れてしまい、日本で台北行きのトランジットに間に合わなかったということでした。航空会社ではすべての乗客の家族などへ飛行機の遅延や便の変更を伝えるということで、克雄も私たち家族の連絡先を記したメモを渡し依頼したそうですが、結局、理由はわからないものの、一切連絡はありませんでした。こんな予想もつかない出来事と行き違いで、私は不安と焦燥のあまり気持ちを取り乱し、一晩中泣き明かしていたのです。

これまで述べてきたように、私は日々、苦しみ、いつも怯え、困惑し、心安らぐことなく生活していました。私が恐れていたのは、再び国民党の手によって子供たちに災厄が及ぶのではないかということでした。それにはさまざまな理由がありました。一つ目は二・二八事件受難者の家族であること、二つ目は王育徳のことでした。特に育徳が台湾独立運動に関わっていたことから日に日に憂慮を深めていました。克雄もいつ逮捕されることになるかもしれないと感じていました。

国民党は五千人に及ぶ二・二八事件受難者家族のリストを持っており、大きな政変など台湾の情勢に動乱が起きたら、まずこれらの人々から殺される、と話す人もおり、私はこうした話を聞くたびに怯えていたのです。

一九八七年頃、克雄は台湾に二度目の帰国を果たしました。すると、またもや特務機関の職員がやって来ました。彼らは「王克雄はいつ帰ってきたのだ」「戻って来て何をしているのか」「どんな人たちと会っているのか」「どこへ行ったのか」「いつ台湾を離れる予定なのか」など、あれこれ聞いてきました。

私はいつものように、当たり障りのないように「帰国の目的は私の誕生日のお祝いです。私のようすを見に帰ってきました」と説明しました。すると彼らは相変わらず威嚇するような口調で「お前の息子が何をやっているか知っているか」と尋ねたので、私は「息子はアメリカで事業をしています」と答えました。彼らはさらに続けて「お前の息子は台湾独立運動家だ、知っているか」と言うので、

「息子はビジネスマンです。どうして台湾独立運動なんかに参加するのでしょう」と反対に聞き返しました。

国民党は問題があろうとなかろうと、こうして脅してくるので、私はひどくうろたえました。克雄はその後、私の反対を顧みずアメリカで台湾独立運動に参加しました。克雄は母親を心配させたくはないが、これは信条、良心の問題であり、二・二八事件の受難者家族であることとは関係ない、と語っていました。

訳注1：在アメリカの台湾独立建国連盟のメンバーだった王幸男が台湾省政府主席だった謝東閔らに郵便小包の爆弾を送付、この爆発で謝東閔は片腕を失う重傷を負った。翌年に王幸男は台湾で逮捕、終身刑の判決で服役、一九九二年に李登輝総統の意向で仮釈放された。

訳注2：この談話では述べられていないが、王克雄氏（筆者）は渡米後、台湾独立・民主化、反国民党を掲げる団体や人士らと接点があり（一〇七ページ参照）、それは台湾の国民党当局にも知られていたことから、陳仙槎氏は帰国後、克雄氏の身に危険が及ぶことを心配していた。王克雄氏によると、この帰国はちょうど勤務していた会社のクリスマス休暇で長期の休みがとれ、渡米後、長く帰国していなかったため、母親に会うのが目的だったので、帰国することが安全か否かということは考慮していなかった。また、自身が在米中も国民党当局の監視の対象になっていたことは知らなかったし、当局から台湾との往来を制限されたり、アメリカでの活動を問題視して帰国を促すような措置はとられていなかったという。

「台独街」

昨年（一九九三年）、行政院は二・二八虐殺事件に関する資料を公表しました。しかし、王育霖がどうして捕らえられたのか、何の罪を犯したというのか、どのように殺害されたかについては、まったく説明がなされていませんでした。

事件発生直後、私たちはあらゆるところを探し回りましたが、当局の各部署はいずれも人ごとのように関与を否定しました。彼らは、捕まえたのは自分たちではないと回答するだけでなく、「暴徒に連れ去られたのではないか」などと言い、どこまでも責任逃れに終始したのです。白崇禧が台湾にやってきた時、安否不明者の妻たちは涙ながらに陳情しましたが、白崇禧が文書で寄せた回答は、当該の人物を逮捕していない、というものでした。

事件から間もない頃、私が街で知り合いを見かけて挨拶をしても、相手は顔をそむけ、知らないふりをしました。災難に巻き込まれるのを恐れていたのです。二・二八虐殺事件で何があったのか、口にすることはなくても知らない人はいません。克紹は省立台南病院の医師になった際、受難者家族であることで周囲の人々の関心を引きました。兄の息子が兵役についた際にも監視され、その身上書類には王育霖や王育徳との関係が記載されていたそうです。

私はたびたび嘘をついてきました。小学校の同級生が「ご主人はお元気、お仕事はどう？」と聞いてきたら、私は「まあまあね」あるいは「どんな仕事でもよい時も悪い時もあるわよ」などと曖昧に返事をしていました。ほかにも「そう、商売をやっているの。紙関係の商いをやっているの」などと答えていました。また、知らない人から「お宅のご主人はどこにお勤めなの？」と聞かれた時は「病気で他界しました」と答えました。相手に合わせて適当に答えていたのです。そのうち私は誰かに問われたら、いったい何と言ったらいいのかわからなくなってしまいました。

私は生涯、専業主婦として暮らしてきたので社会に出たことはありません。外の世界のことは一切わかりません。さらに二・二八虐殺事件後は絶えず迫害されていたことから、つねに恐れ慄き、すっかり従順になってしまい、何があっても当たり障りなくやり過ごすようになりました。国民党に対してしなかったのは、ひざまずいて慈悲を乞うことくらいでしょう。表立って二・二八虐殺事件について語れるようになったのは、この二、三年のことです。

興味深い話があります。私たちが暮らす王家の旧家は、台南市の民権路にありますが、現在、民権路（かつての本町）は「台独街」とも呼ばれています。それはなぜでしょうか。

わが家の三軒隣には張燦鍙の家が、そしてさらに少し先に王幸男の家があります。その隣には書店「興文齋」を開いた林宗正牧師の家があり、その先には何康美の家があります。つまり、民権路は南北百メートルもない道路ですが、この範囲の中に、これほど多くの台湾独立運動家ゆかりの地があるわけです。

私は張燦鍙とは面識はありませんが、買い物などで出かけると、ほぼ毎日、彼の母親に出会いました。王幸男の父親の姿もよく見かけました。王幸男の弟は克紹の中学の同級生で、よくわが家に遊びに来ました。何康美の父親が営んでいた何歯科医院の建物は王家から購入したものです。また「興文齋」は民権路唯一の書店で、私たちはよくそこで本や文具を買いました。

わが家の王育徳は日本代表、張燦鍙はアメリカ代表、何康美は欧州代表、林宗正は長老教会代表といえるでしょう。仮に彼らのような台湾改革のパイオニア的人物たちを集めようとしても、ここまで完璧には揃わないでしょう。かつて、蔣経国が南部へ視察に訪れた際、この付近を通りたくなかったため、わざわざ台南市を避けたといわれています。

こうしたことから、特務機関はしばしば私たちの家に動向調査を兼ねた嫌がらせをしに来ましたが、民権路では一度ですべての監視対象者宅を回ることができたのです。ほかの家の世帯調査が仮に月に一回だとしたら、私たちの家には一〇日に一回以上の頻度でやって来ました。私は特務機関職員に「こんなにしょっちゅうやって来られたら、私はいつ外出できるんですか。家族の名簿を玄関先に吊るしておくから、あなたが自分で居住確認のサインをしたらどうかしら」と言いました。しかし、職員は「だめだ。あなたに聞かなければならないことがある」と言い、「最近、誰か訪ねてきたか?」「どこかに出かけたか?」などと聞いてきました。

かつての台湾は農業が主要産業の社会で、今のようにテレビもエアコンもなく、人々は空いた時間に、それぞれの家から椅子を持ち寄り、あずま屋の下でよくおしゃべりしていました。お互いの身の上を知り尽くし、どこの家の誰が今、どこにいて、何をしているのか、あるいは誰が海外にいて、今は帰って来ることができないなどということを知っていました。

お互いの会話には含みがあり、主語がなくても通じました。まるで符丁のようでした。たとえば、誰かが「最近、手紙は来るの？　大丈夫なの？　あなた、こないだ訪ねに行くって言っていなかったっけ……」などと尋ねると、相手はため息をつき「困ったわ。許可がまだ下りないのよ」と答え、そんなやりとりだけでも何の話なのかわかるという具合でした。

当時、張燦鍙の母親はすでに高齢で、アメリカを訪れ息子に会いたいと願っていましたが、出国はなかなか認められませんでした。最終的に息子に帰国するよう説得するという条件つきで渡米が許可され、彼女はこれに同意しました。そして、アメリカから戻ってくると、特務機関はその結果を聞きに来ました。彼女は「私は伝えた。説得した。息子は私の話を聞き、目を真っ赤にしてずっと涙を流していたが、何も言わなかった」と答えました。

四十数年間に及ぶ、こうしたさまざまな迫害と恐怖は、他人には真の意味で理解することはできないでしょう。自身が遭遇し体験した人だけが、その境遇の辛酸と悲しみ、世間の冷たさ、温かさを知ることができるのです。

編著者注：本稿は『台北南港二二八』から引用した。同書は呉三連台湾史料基金会により出版され、呉樹民医師が発行、張炎憲教授が総編集を担当した。

資料1
明日を期する者

訳注：王育霖は、台北高等学校尋常科の三年生を終える前に、肺結核にかかってしまい、休学し自宅で過ごさざるを得なくなった。育霖はこの文章で、彼自身の心の移り変わりを描写し、複雑で古臭い台湾の大家族において、母親を失ったことによる孤独と、母を恋しく思う気持ちをはっきり記している。家族について言及しているため、本文では実名や実際の地名は使っていないが、実際、文中の董生は育霖であり、董由とは次男の育森のことである。日記には、一九三八年一月二〇日に書かれたと明記されている。原文は日本語で、台北高等学校の雑誌『翔風』第十七号に発表された。本稿の原文は旧仮名遣いの和文で書かれており、読みやすくするために現代仮名遣いに改めた。

（一）

了期していたものの、今再びかかる宣告を受けるということは、董生にとっては泣くにも泣けないことであった。こんなことを言えば、自分がどんなに力を落して悲しむかを知っていながら、何気なく眼尻には嘲りの色さえ浮べて、宣告する医者が憎らしくもあり、腹立たしくもあった。世の人々に死の宣告のみを与えるような、ばい菌の無数に棲息している汚い壁に囲まれたこの小さな診察室は、入るたびに感ずるのであるが、今日もやはりじめじめした病臭と消毒の薬の臭いで満ち満ちていた。

白無垢を仕立てた服を着ているやつれた看護婦たちのなかで、さも誇らしげに語っている医者を見ると、董生はいっそのこと貴様の診断は嘘だ、貴様のような奴に何が解るかと、怒鳴りつけたい気がしたが、すぐ後から喉をついて出てきた咳に打ち消されてしまった。

「この前も言ったじゃろうが、学校をゆっくり休んで、えーまあ、休学するのですな。そして空気のよい地に、まあ、転地療養というやつをやるのですな。いや、そうそう心配する必要はないですよ。軽いのですからね。一年そこら遊べば治りますさ。勉強しすぎたんでしょう」

何がほんの一年そこらだ。勉強しすぎたとお追従《ついしょう》を言わないでもよい。不養生からだとでも、また遊びすぎたからだとでも言え。

「いや、なにまだ結核に至っていないですよ。その、ほんの少しだけ肺尖が悪いのですよ」

結核なら結核とはっきり言ったらよいだろう。どうせお前には血というものがないのだから。病気して以来、いよいよ疳の高ぶった董生は、やりどころのない鬱憤を堪えかねて、つと窓際へ立って行った。窓から見たわずかな緑が、今この部屋にあるすべてのものよりも、誠意があって、やさしいように思われた。あらゆるものから、打ち棄てられた人が、独り寂しく山端に出かけた月を見て涙ぐんだように、董生はこの小さな緑ひと株だけが自分のわびしさを知ってくれるように思われて、少しばかり気が軽くなったような気がした。吹いてくる風を腹から、それでも咳こみながら、彼は深呼吸した。

この一年来、三日おきに屠所の羊のように通ってきて、毎日一時間ずつ待たされ、暑い日も寒い日も胸をはだけ出して、医者の聴診器に弄《もてあそ》ばされ、そのあげくにこの残酷な言葉で結をつけられたことを考えると、董生は涙がひとりでに転がって出てきた。

この医者は金を儲ける以外には、良心というものがみじんもなく、一年前の「わしにかかったらすぐ治る」という言を、破棄しても何ら責任を感じていないのだと思うと、董生は胸いっぱいになって、しかし、虚ろな心でじっとこの色好みの脂ぎった医者の顔を見つめていた。

「まあ、そこに腰かけたまえ。今、痰の検査がわかるから」と言うのを見向きもしないで、服装を直して彼は急いで診察室を抜け出した。すれ違いに入ってきたのは、垢じみた皺だらけの渋茶の服を着たばあさんであった。

「あのー、先生、治るでございましょうか」

内側からドアの隙を通って、しわがれた声が響いてきた。あぁ、ここにも、見苦しい生の執着があると、董生は呟いて、帽子を頭にのせたまま、いっときも早く逃れようとして、薬瓶をわしづかみして立ち上がった。外は彼のわびしさにかかわらずに、やがて郷里を指して帰る彼の敗惨の身にも同じように、二月の下旬の陽は輝かしい光線を投げかけていた。

（二）

かろうじて終業試験を終えて、董生は三月の中旬のある日、T市の故郷へ帰ることにした。一年休学するということは自尊心の高い彼にとって、大きな精神的負担であった。一か年後再び登校した時に、もとの同級生であった上級生がどんな目で自分を見つめ、もとの下級生であった同級生がどんな顔で自分に接するかと思うと、ただでさえ心の弱い董生は、ますます心がつぶされるような気がするのであった。

のみならず、家庭的に何ら愛のないところへ帰るのは考えただけでも胸がふさがってきた。董生の故郷は南部の旧い町で、いにしえの風がまだ明らかに漂っているところであった。

指折りの名望家であり資産家である、蕭家の三男として生まれた彼は小さい時より皆からちやほやされて可愛がられた。その母の生き写しの高貴な口元と、すーとひと筋真っ直ぐに高く走っていた鼻は、わけても彼の端正な顔を引き立てていた。体はあまり強いほうではなかったが、背はすらりと伸びていかにも貴公子のような風采をしていた。

人々は彼のことを蕭家の第三公子と呼んでいた。旧い支那風のとばりを棄てて、新しいもっと自由な啓蒙された社会へ移らんとする過度期であるが、昔ながらのT市においては、名望ある家柄と資産ある家門の地位というものは、さながら封建社会における小大名のようなものであった。道を歩いていても、よく彼は見知らぬ人から会釈された。

有り余る金と、麗しい美貌と、すぐれた才能とを持って生れてきた彼は物質的に見るなら、董生よりも幸福な人はなかった。しかし、彼はどことなくもの寂しいものがあった。温室育ちの気の弱い性質と、あらゆるものを慈しむ彼の天性がそうさせたのかも知れないが、しかし何よりも彼の環境がそうさせたのである。

彼が最も輝かしく見えるのは、彼の愛する美しい母と壮大な庭園の中で、一緒に鳳凰木《ほうおうぼく》の花びらを拾う時か、あるいは母とともに植え込みの間を駆け回る時であった。こんな場合には、小さい董生は鳳凰木の花の映りで一層紅くなった頬をぴたりと母の胸下につけて、上眼づかいに微笑みながら、母の顔を見るのだった。

「ね、母ちゃん、きれいな花ね。あの木の葉は色紙の緑と同じ色ね。僕大好きよ。青い木葉もそれから赤い花も」

そう言うと母はいつでも董生の手に口づけしてから、澄んだ声で「え、母ちゃんも大好き、でもあんなにきれいなのに、いつまでも咲いていないで、すぐバラバラと落ちてくるのは可哀そうね」と、寂しそうに言うのだった。小さい董生にとっては、母は彼のすべてであり、彼は母のすべてであった。

ある年の鳳凰木の花が綻びかけた頃のことであった。董生はいつものとおり母とともに庭に出て、龍の形を浮き彫りにした緑色の陶器製の腰掛けに座っていた。うららかな春の日は、鳳凰木の緑の陰を母の象牙のように白い額に宿していた。董生は折節落ちてくる鳳凰木の蕾を小さい手でいじりながら母の顔をじっと見ていた。ふと彼は母の眼が涙に曇っているのを見つけた。

よく働きよく裁縫をし、そしてこんな美しい母を誰かが苦しめるということは想像することもできなかった。しかしながら、彼は母が一人で人に知られないように涙ぐんでいるのを今までに何回も見た。彼にとっては、それは不思議だというよりも、不可能なものであるように思われた。でも現実に母が泣いているのを見ると、彼の小さい胸は張り裂けんばかりであった。

「母ちゃん、なぜ泣くの?」

「うん、何でもないの」

「だって母ちゃんは泣いているんだもの。ね、母ちゃん。僕ね、とても不思議に思っていることがあるの。だって僕は母ちゃんの一人っ子でしょ。それなのに、僕、母が三人もあるんだもの。姉だの、兄だの居るんだもの。ほんとにいやになっちゃう。ね、母ちゃん少しへんね」

まだ小さい董生にとっては、母と呼ばなければならない人が、同じ家の中に三人もおり、母と呼んでも少しも自分を可愛がってくれないし、むしろ自分を憎んでいるような母が、同じ家の中に二人もいるということは到底解決のできる問題ではなかった。

家も裏の小屋より大きいし、着物も裏の小屋の倅よりもずっときれいなものを着ることができるのは嬉しかったが、裏の子供が、母が一人しかいないのに、自分には三人もおり、とくにその中の二人は大嫌いな人であるということは不思議でたまらなかった。

ある時、董生は小さな声で、眠る時に母に抱かれながらどうして母が三人いるのかと聞いた。しかし母はただ寂しく笑って「よい子だから、そんなことは聞いちゃいけません。だって仕方がないんですもの」と言っただけだった。

そうかと思うと家の中には婢媒嫻（下女に相当する者）が五、六人もいて、どんなに叱っても、時には殴りつけても、何一つ反駁をしない女奴隷のような小娘たちもいた。小さい董生は、ますます自分のいる家は、どんなものであるかがわからなかった。

董生の母は第二番目であったが、董生には第二番目とはどんなことを指しているのか見当がつかなかったし、また、人の話によると、兄や姉たちは同じ腹でないそうだが、それがどんな意味であるかも諒解できなかった。彼の知っていたことは、自分は確かに自分の母のものであり、自分の母は確かに自分のものであるということだけであった。

父は朝早くから夜遅くまで仕事に忙しく、一日中ほとんど家にいないし、家のことは第一番目の母と呼ばれている人が取り締っていたが、自分の母がよく働いているのに、第一番目の母から怒鳴られているのを見ると、子供ながら董生は小さなこぶしを作って、復讐の念に燃え立った。父は、表面は冷静を装っていたが、心の中では最も自分の母を愛していると、董生は子供心にそう信じていた。董生がいちばん嫌いな人は第一番目の母と、その母の子という自分より一つ上の剽悍な兄であった。第一番目の母はいつも自分の母をいじめるし、剽悍な兄はいつも自分を泣かすからであった。

一度こんなことがあった。

ちょうど家で祭りがあって、芝居があった時、董生も兄の董由も同じように小さい椅子を並べて、芝居を見ていた。ところがどうした弾みか、急に董由はここは見えないから、場所を替えようと言い出した。董生は真っ赤になって、この兄の突然の暴挙に抗議したので、掴み合いとなり、両方ともわっと泣き出してしまった。

そばの多くの人が駆けつけてすぐに引き離し、泣き叫ぶ董生に構わず、第一番目の母に憚《はばか》って、董生の椅子をよそへやってしまった。董生は、なおも兄に向かって競おうとしたが、「替えるというなら替えさせたらよいではないか」と、そばから太い声がしたので、董生はびっくりしてふり向いた。それは悲しくも第一番目の母を後ろに控えた父の声であった。折よくそこに来た母に対して董生は泣き喘ぎながら訴えたので「でも董生は先からここにおったのです」という母の声が聞えたと思うと、「わしに口答えするのか」という重々しい声が響いてきた。夫唱婦随の過度にまで発揮されたこの旧家においては、こともあろうに第二番目の妻が夫に対して口答えするということは、あり得べからざることであった。

うらめしそうに見る、か弱き女とその子を取り巻いて、人々はただ侮蔑の情を眼に浮べて見ていただけだった。芝居の喊声がどっと上った。菫生はただ母にすがりついていた。物質的に恵まれても、精神的に何ら与えられないこの母子に、同情を寄せるのは鳳凰木のみであった。母は菫生を人のいないところへ連れて行ってから、激情に迫って、菫生の髪に、額に、目に、口に、そして手に、口づけしながらこういった。

「ね、よい子だから、もう泣かないで、がまんするの、がまんするの、そうしたら仏様はきっとよいものを与えて下さるわ」

「ほんとうに与えて下さる？母ちゃん」

「ほんとうですとも、ほんとうだよ」

と、母は泣き声で言って、また一層強く菫生を抱いた。

その晩は、菫生は母とともに父から呼びつけられて、非常に怒られた。菫生が第一番目の母の子に譲らなかったのが悪いというのと、母が父と第一番目の母に対して口答えしたのが、身分をわきまえない振る舞いであったというのが理由であった。勝ち誇っている第一番目の母と菫由の視線の中で、真っ赤になって泣いている母を見ると、菫生もまた胸が痛くなって泣きだした。二人で寝室へ入っても、まだ泣いている母を見ると菫生は母の前にぬかずいて、泣きながら母にあやまった。

「母ちゃん、ごめんよ、ね、ごめんね、僕もうこれから喧嘩なんかしないよ。ね、ごめんよ。もうきっとしないから、母ちゃんが泣いたら僕は悲しいもの。ね、ごめんよ」

「いいのよ。ね、よい子だから起きて、母ちゃんは菫生さえあれば何もいらないわ」

「僕も母ちゃんさえあればいいや。こんな家のものなんか大嫌い、お金なんてなくてもいいや。ね、母ちゃんは僕のものだね」

「そうだとも、母ちゃんはいつまでも菫生だけのものよ。仲よくしましょうね」

「僕、もっとよい子になって、母ちゃんのいうことならなんでも聞くよ。ね、だから母ちゃんもう泣かないで」

「ええ、母ちゃんはもう泣かないわ。身体を大事にして勉強してね。そして何事もがまんするのよ。がまんするのよ。そうしたらよいことがきっとくるわ」

菫生が心からこの母のために勉強せんことを誓ったのはじつにこの晩だった。母の手を握りしめて、彼は母に抱かれながら寝た。手に二、三滴の水が落ちてきたことは知っていたが、それが母の涙であるとは知らなかった。

学問に励まんことを誓った彼は、次の日から真剣に勉強したので、資産家の息としては珍しく、成績がほんとうによかった。公学校六年を終えて、彼はかなり入学試験が難しいといわれている○市の

Ｈ中学へ入ることができた。何の故か知らないが、周囲の人から迫害されている美しい、大好きな母のために彼は闘ってきた。

しかし、その母も彼が十六歳の夏、流行性の病気で突然亡くなってしまった。

「何事もがまんするの。そうしたら仏様はよいことを与えて下さるわ。何事もがまんするの、体を丈夫にして…そして…」という遺言のみを残して、母は董生の手をこの世からあの世に旅立った後も静かに、しかし、しっかりと握っていた。

もはや何をなす元気もない董生は、ただ独りで、母と十六年間暮してきた寝室の家具を見て、涙をぼろぼろ流すだけであった。董生が学問を怠けだして、不摂生な生活をしだしたのもこの時からであったし、金のみはどんどん送って、何一つ構ってくれない家庭のことを考えると、長い休暇がくるたびに嫌悪を感ずるのだった。その不摂生な自暴自棄な生活が重なって今この病気になり、帰りたくもない家へ帰らねばならないということは、運命とでもいうよりほかに言いようがなかった。運命を信じ、運命を素直に受け入れて、この短き一生を終えた美しい母のように董生もいつしか運命を信ずるようになった。

（三）

二等寝室に横たえながら、董生は今までのことを思い浮かべるとますます眠れなくなった。

母ちゃん、どうしてあなたは私を独りぼっちにして旅立ったのですか。母ちゃん、なぜ私たちは再び一緒に鳳凰木の花びらを拾うことができないのですか。母ちゃんのいらっしゃる世界はそんなに遠いのですか。私の大好きな母ちゃん、董生は母ちゃんの御許に行きたいのです。そして母ちゃんの膝下に顔をすっかり埋めて思いきり泣きたいのです。私は寂しい、誰ひとりとして本当に私のことを思って下さる人はいない。体は病気しているし、家へ帰ればお客待遇です。冷たい、単に表面的にしか付き合ってくれない人の中に、私は今帰らねばならぬのです。母ちゃん私は寂しい。母ちゃんだって早く董生が見たいでしょう。ね、母ちゃんの御許に行くことを許して下さいますか。

この世の人は皆、私の寂しさを知ってくれない。奴らは金があれば物質的に富裕であれば、それで人が幸福になれると思っている。人間の幸福が物質で買えるものか。たとえいじめられても、二人で一緒に暮らした時がどれくらい幸福であったか知れない。母ちゃん、私はもはやこの世に生きたくありません。一刻も早く母ちゃんの御許に行きたくてしようがありません。金はほかに人にやってしまいます。あさましい笑いを浮べて奴らは奪い合うでしょう。

矛盾した社会。矛盾した家族制度。拝金主義者で満たされたこの汚《けが》らわしい、いわゆる上流社会。盲愛と煽惑《せんわく》とによって、子弟をより愚鈍ならしめる以外に能のない社会。考えるだけでもいやです。女を物質視し、一軒の家に二、三人の妻を同居させ、甚だしきに至ってはかえってそれを誇りとする社会制度、社会観念。

母ちゃん。あなたはその犠牲者の一人でした。伝統の美名の下に隠れ、金力と権力のカクテルで、すべての純真な清い人間を中毒し中傷せんとする偽善社会。それが今この私を犠牲者の一人にしようとしているのだ。

ここまで考えてきて、彼は率爾《そつじ》と頭の中である閃きを感じた。最も母の遺志に沿うことは、それは自殺することではなくて、母をしてかかる境遇に落しめたこの歪められた社会制度に対して戦うことであった。そうだ。私は勉強して、真の偉い人間になろう。これらの不健康な制度を改良し、これらと戦い、私が真の立派な人間になった時、その時こそかつて我が愛する母を軽蔑し、いじめた奴らに、我が母がいかに偉大であったかを示すことになるのだ。それこそ母のための第一の復讐だ。

母ちゃんはいつかおっしゃったね。お父さんも苦しんでいると。確かにお父さんも苦しんでいる。だから私は父さんを非難しはしない。お父さんが悪いのではなくて台湾の旧社会が悪いのだ。この古い歪められた社会は葬り去られる日が近づきつつある。母ちゃん、私は強く生きましょう。そして来たらんとする光明に輝いている啓蒙された時代の騎士となりましょう。母ちゃん、どうか私を護って下さい。病気は今から治します。母ちゃんを軽蔑し、いじめた人間に返すべきものは返してやりましょう。

こう決心した董生には、もはや世の白眼視も嫉妬も無情もなく、あるものはただ明るき明日を期する希望のみであった。

折りから窓の覆いの隙を通ってかすかな光が流れ込んできた。董生はその覆をからりと開けた。北回帰線標はすでに過ぎて、東方に霞む中央山脈より、太陽が、あの希望の太陽が昇らんとしていた。金色に輝く光は台湾に、もはや黎明が来たことを告げ、更生したこの新しい人生の戦士を祝福しているかのようであった。「まず母の墓にお参りして、それから、規則正しく、強く、第二の生活を始めるのだ」と董生は太陽を仰ぎながら誓った。「そして希望だ」と。

資料2 法律評論集（王育霖検察官）

法治国とは何か？（何謂法治國？）

「法治」、これは我々台湾省の人々が、心から望み憧れる制度である。そして、全中国四億五千万の人民が待ち望んでいるものでもある。制憲国民大会開催中の今この時に、法治を語ることは、意義あることだろう。

法治の「法」の意義は、歴史上において、いくらか変化を遂げたが、法治は現在、すべての文明国において採用されている唯一かつ最良の制度である。

では、法治の厳正なる意義とは一体何なのか。法治制度には、欠かすことのできない二つの「支柱」がある。第一に、治権の完全な分立である。第二に、絶対的な法律遵守の精神である。

仮に、司法権が独立していなかったら、いかにして行政権の濫用《らんよう》を匡正《きょうせい》することができようか。仮に、国民が立法に参加できなかったら、どうやって自らの正当な権利を保障できるだろうか。しかし、整った五権あるいは三権の分立制度があったとしても、仮に、権力を持つ人間に法遵守の精神がなければ、どうにもならないのだ。

法治国において、立法については、重要な立法は皆、国民が参加しなければならない。行政については、行政組織が法律の委任命令に基づいて執行しなければならない。司法については、裁判官は法に則ってこれを取り扱い、干渉を受けず、また権力におもねってはならない。

何謂法治國？

王銘石

法治！這是我們台灣省民，祈天禱地所焦望的制度。也是全中國四萬萬五千萬的人民所盼望的東西。當制憲的國民大會開幕中的此時，我們來談談法治，想亦不無意義。

法治的「法」的意義，在歷史上雖然有多少的變遷，但法治是現在任何文明國，都採用為正一最好的制度。那麼，法治的嚴正意義到底是什麼呢？法治制度有二個不能欠的「基柱」。第一，就是治權的完全分立；第二，就是絕對的守法精神。若是司法權沒有獨立何能匡正行政權的逸脫。若是人民不能參加立法，何能保障自己的正當權利。但是雖然有完備的五權或三權的分立制度，若是有權力的人沒有守法精神，也是沒有辦法了。於法治國，在立法方面，重要立法皆要人民參加，在行政方面，行政組織和運用一切要依法律和法律所委任的命令執行，在司法方面，法官應依法辦理，不受干涉，也不可阿諛權勢。總而言之，法治就是以「客觀的理性的法」來治理國家，不是以喜怒哀樂的感情，利害關係的打算，得以馬虎敷衍的。把例來說，在法治國法令全由正式手續而成，憲法，法律，命令，有高低的秩序，低者不能改變或違反高者，公務員雖有調動，辦法不變，沒有一人一色，也沒有一批來一批去的現象。上下有序，不可上官批准，下官拒絕。若是下官有過失，上官應負責。司法應獨立，堅持護法聖職。維持國家道理和社會治安，保障人民正當權利。能進到這個地步。才配叫做法治國。

我們應盡其力量，促進憲政實施，喚起守法精神。以建法的中華民國！以建法治的台灣模範省！

王育霖が「王銘石」のペンネームで『民報』紙上（1946年11月23日付け）に発表した論説「何謂法治國？（法治国とは何か？）」

要するに、法治とは「客観的、理性的な法律」をもって国家を治めることであり、喜怒哀楽といった感情、利害関係による打算によって、適当に取り繕ってはならないのだ。

具体例を挙げると、法治国の法令はすべて正式な手続きをもって制定される。憲法、法律、命令には高低の秩序があり、立場の低い者が秩序を変えたり、あるいは高い者に違反することはできない。公務員には異動があるが、方法は不変であり、法律が人に合わせて制定されたり、人それぞれであってはならない。上下には秩序があり、上官が批准《ひじゅん》したものは下官は拒絶してはならない。仮に、下官が過ちを犯したら、上官は責任を負わなければならない。司法は独立し、法律を守る聖職でなければならない。そして、国家としての道理、治安を維持し、国民の正当な権利を保障する。この段階まで進むことができてはじめて、法治国と呼ぶことができるのだ。

我々は、憲政の実施を促し、法遵守の精神を喚起するため、全力を尽くさなければならない。そして、法治による中華民国、法治による台湾模範省を建設するのだ。

（原著注：本論説は一九四六年一一月二三日付け『民報』に「王銘石」のペンネームで発表された）

法律は打ち負かされることはない（法律是打不死的）

一九四六年一一月一一日午後、台湾省台中県の員林で、台中県警察局が集団で、任務を執行しようとした司法警察に暴行し、さらに検察官の釈放命令に反抗するという事件が発生した。

ほかの省がどうなのかについて、我々は知らない、台湾のみ、深刻極まりない状況となっている。台湾において未曾有の事態であるだけでなく、世界のどこであろうと、法治国家では起きてはならない事態だ。

この事件については、関係各方面が現在厳重に調査を行なっており、我々はしばらくの間、批判は差し控える。しかし、法曹関係者にとって、何らかの感想を持たないというのは難しい。

本来、督察《とくさつ》とは「内外の勤務、警察官の風紀を掌理《しょうり》し、武力による弾圧を調査し、警備の指揮、監督査察を行なう」（台湾省各県警察機関組織規程第六条第五項）重要な上級警察官である。その人事については、十分に慎重を期さなければならない。

現在、台湾の治安は芳しくないが、土着の匪賊《ひぞく》が、午後四時前後に、警察「大人」のいる警察局を公然と襲撃するとは考えられない。実際のところ、警察局の誤解の原因には理解し難い部分がある。

逮捕だけのために……。現職の警察官、裁判官が多数の司法警察および看守を動員することとなった一件から、我々はある事柄を思い起こさなければならない。それは、かつて、ある検察官が新竹市政府を捜査するために、武装した憲兵を数名従えて向かい、予想外の出来事を引き起こしたことである。これとどうやら同様であったということだ。

このような行動をとった裁判官の心情は、悲壮感に溢れていただろう。我々は心から彼に同情するとともに、その恐れを知らぬ精神に感服する。今回、警察局による抵抗を受け、高等法院検察処が、わざわざ毛（錫清）検察官を派遣し、勾留された司法警察と看守を釈放するよう命じた一件については、首を傾げざるを得ない。まるで、刑事訴訟法第二〇九条、第二一〇条が廃止になったのかと思わせる。これらの条文には、警察は、検察官の指揮命令に従わなければならないと、はっきり記されているはずであろう。

私はここまで記して、ふと、今は亡き張光祺検察官のことを思い出した。彼は、銃を手に王（育霖）検察官を威嚇した鉄道警察に対して、「あなたは、王検察官一人を殺すことはできる。しかし、法律を殺すことはできるのか」と戒めた。

その通りだ。検察官一人を殺すことはできるが、法律を殺すことはできない。司法警察一人を殺すことも、裁判官の命令に反抗することもできるが、法律を打ち負かすことはできない、法治の精神に抗うことはできないのだ。

（原著注：本論説は一九四六年一一月二七日付け『民報』に「王銘石」のペンネームで発表された）

新聞社責任者の法律責任（報紙負責人的法律責任）

人民導報社の前社長、王添灯氏が引き起こした筆禍《ひっか》事件はなお解決していない。聞くところによると、ほかの新聞社も、告訴されたという。こうなると、いわゆる「御用」新聞以外、新聞社の責任者は皆、被告となり、処罰を受ける日が来るという覚悟を持たなければならないだろう。

本来、新聞とは短期間、一定期間、そして継続的に事実を報道し、事実を批評する機関である。新聞社は言論機関と経済機関の結合であり、そのため、我々はこうした新聞の二面的な性格を知っておかなければならない。

新聞の経済機関としての責任者は社長であり、仮に新聞社に対して貸付がある場合、我々は社長に請求することができる。しかしながら、社長は同紙の言論についての責任は負わない。負うのは新聞の言論機関としての責任者、つまりは発行人あるいは編集責任者である。新聞社の組織は各社で異なるが、法律の地位は同様である。

こうした見方からいえば、新聞社の社長である王添灯氏が同紙の言論面についての責任を負う判決は、法理上、疑わしいものといえる。

言論の自由の限界については、ここでは議論しないが、仮に新聞の報道と批評が過激、不適当、あるいは他人の名誉を毀損した時、どのような方法での処罰が合理的といえるのか。この点について、法理から次の通り、見解を記す。

第一に、新聞の発行人あるいは編集責任者の責任は、広義にいえば、「他人の行為のために、刑事責任を負う」ことだといえる。刑事責任は、行為者自らが責任を負うことが原則だが、法律はさまざまな理由により、時には、自ら罪を犯していなくても、特別な関係を持つ者が法を犯した場合、その責任から逃れることができなくなるよう規定することがある。新聞の発行人あるいは編集者の責任は、こうした責任の一種だ。そのため、こうした人々への処罰は、世界各国の立法例の多くで罰金刑を原則としており、懲役刑などの体刑を安易に科してはならない。出版法規定の精神もまた同様である。

第二に、新聞は良き点を示し、悪事を暴くことで、社会の欠陥を改める機関である。もしも、自らに下劣な点があるのであれば、新聞に報じられても耐え忍ばなくてはならない。このように、新聞の言論についての刑事責任はすでに世界の判例では、徐々に軽減化される趨勢となっている。そのため、法院（裁判所）は、正義、そして有益な言論を育てていくため、新聞の性質について理解を深めなければならないのである。

（原著注：本論説は一九四六年一二月三日付け『民報』に「王銘石」のペンネームで発表された）

資料3

王育霖関連年譜

1919年（11月15日）王育霖、（父）王汝禎、（母）毛新春の間に台南で誕生
1922年（9月17日）陳仙槎、（父）陳自東、（母）劉彩蘋の間に台南県官田郷で誕生
1924年（1月30日）実弟、王育徳が台南で誕生
1932年（3月）台南市末広公学校（現・台南市進学国民小学）を首席で卒業、台北高等学校尋常科に進学
1934年（12月）生母、毛新春が死去
1935年（3月）病気療養のため台北高等学校尋常科を一年間休学
1937年（3月）台北高等学校尋常科を卒業、同校の文科甲類に進学
1940年（3月）台北高等学校文科甲類を首席で卒業
1941年（4月）東京帝国大学法学部法律学科へ入学
1941年（8月26日）陳仙槎と婚約
1942年（7月26日）陳仙槎と結婚
1943年（8月）高等文官試験司法科に合格（東京帝国大学法学部3学年）
1943年（9月）東京帝国大学法学部法律学科を卒業
1943年（10月1日）司法官試補として任用、京都地方裁判所京都区検事局へ配属

1944年（6月）　長男、王克雄が京都で誕生
1946年（1月）　妻子とともに台湾へ帰還
1946年（2月）　台北地方法院検察処に検事として着任
1946年（3月8日）　「京都地方裁判所検事兼京都区裁判所検事」発令
1946年（3月22日）　新竹地方法院検察処に着任
1946年（8月）　新竹市長郭紹宗の汚職事件摘発のため新竹市政府を強制捜査（郭市長はこれを妨害、捜査令状などを奪われ、王育霖はこの事態をきっかけに台湾の検察上層部から辞職を迫られる）
1946年（9月4日）　新竹地方法院検察処検事を辞職、退官。以後、建国中学と延平学院で教鞭を執りながら、新聞『民報』の法律顧問に就任
1946年（12月）　次男、王克紹が台南で誕生
1947年（1月15日）　書籍『提審法解説』を台北市人民自由保障委員会から刊行
1947年（2月21日）　陳仙槎夫人、長男次男とともに台北で王育霖と再会
1947年（2月27日）　台北市内で〝闇たばこ〟摘発中の専売局取締官らが行商人女性を暴行、これに抗議する群衆に対し発砲、市民一人が死亡
1947年（2月28日）　前日の事態をきっかけに抗議のため行政長官公署前に集まった市民に警備兵が発砲、負傷者が出るほどの混乱（以後、市民の抗議活動が官庁、警察署などへ襲撃や占拠などの騒擾に発展、鎮圧の軍や警察と市民が各地で衝突、台湾全島に騒擾事態が拡大）
1947年（3月10日）　軍統局台湾站長、林頂立が率いる別動隊と憲兵第四団長、張慕陶が率いる特高組が台湾人

エリートの逮捕を開始

1947年（3月11日）行政長官兼警備総司令、陳儀が蔣介石へ逮捕者リストを送達

1947年（3月14日）王育霖、自宅から軍人により逮捕、連行。以後、安否消息不明

1953年（6月）父、王汝禎、死去

1968年（9月6日）長男、王克雄、アメリカへ留学

1985年（9月9日）実弟、王育徳、心筋梗塞により日本で死去

1994年（3月6日）李登輝総統が台南市在住の陳仙槎夫人を表敬訪問

1995年（2月28日）李登輝総統が政府を代表し、二・二八事件受難者遺家族および全国民に謝罪

1995年（3月23日）「二・二八事件の処理および補償条例」制定。2月28日は「和平紀念日」と定められる

1997年（2月25日）2月28日が国の休日として定められる

1997年（9月9日）弁護士公会全国聯合会が二・二八事件の法曹界受難者へ「褒揚の辞」を進上、遺家族へ「台湾正義の光」と記した記念牌贈呈

1998年（2月27日）王育霖ら五名の法曹界受難者遺家族が基金を寄付、委託を受けた弁護士公会全国聯合会により「二二八司法公義金管理委員会」設立

2000年（5月20日）総統選挙で民進党候補の陳水扁氏が当選、中国国民党から民主進歩党へ政権交代

2006年（12月8日）毎年2月28日には半旗を掲げ、二・二八事件受難者二万人あまりの台湾人を追悼することが定められる

2007年（2月28日）陳水扁総統が「国家二二八紀念館」の開幕式で陳仙槎夫人に記念品贈呈

2015年（12月）　長男、王克雄がアメリカ、カリフォルニア州で「王育霖検察官紀念基金」設立
2017年（1月）　『期待明天的人―二二八消失的検察官王育霖（本書原題）』刊行
2017年（6月）　台湾司法博物館で「堅持正義司法菁英王育霖検察官特展（正義を貫いた法曹界のエリート、王育霖検察官特別展）」開催
2018年（4月）　国立台湾師範大学（前身は台北高等学校）で「王育霖検察官生平特展（王育霖検察官、その生涯展）」開催
2018年（4月）　国立台南女子高級中学が陳仙槎夫人に「名誉校友」の称号授与
2020年（1月14日）　陳仙槎夫人、台南市で死去（九七歳）
2012年（8月）　長男、王克雄がアメリカ、カリフォルニア州で「台湾二二八虐殺事件教育基金会」設立
2022年（3月）　台湾語研究グループが王育霖が逮捕された3月14日を「台湾詩人の日」と定める
2024年（3月）　台湾南投県草屯の「台湾聖山」に王育霖を顕彰する銅像が建立

日本語版訳出にあたり利用した主な参考文献・資料

『官報』第三九四四～五七八四号（一九四〇年三月一日～一九四六年四月三〇日）

『司法部職員録（昭和十九年一月一日現在）』（財団法人法曹會：一九四四年）

臺灣總督府編『臺灣總督府及所属官署職員録（昭和十九年一月一日現在）』（臺灣時報社：一九四四年）

王育徳『「昭和」を生きた台湾青年―日本に亡命した台湾独立運動者の回想1924～1949』（王明理編、草思社：二〇一一年）

何義麟『台湾現代史―二・二八事件をめぐる歴史の再記憶』（平凡社：二〇一四年）

蕪山嚴『司法官試補制度沿革―続明治前期の司法について』（慈学社出版：二〇〇七年）

岡本真希子『植民地官僚の政治史―朝鮮・台湾総督府と帝国日本』（三元社：二〇〇八年）

邱永漢『邱永漢短編小説傑作選―見えない国境線』（新潮社：一九九四年）

戦前期官僚制度研究会編・秦邦彦『戦前期日本官僚制の制度・組織・人事』（財団法人東京大学出版会：一九八一年）

産經新聞社編『あの戦争―太平洋戦争全記録（下）』（ホーム社：二〇〇一年）

『台湾青年（第四〇二号）』「報道・李登輝総統、故王育霖氏の夫人を訪問」（台湾独立建国聯盟日本支部：一九九四年）

宮畑加奈子「（論文）判決原本から読み解く日本統治期台湾の司法―台湾社会の法意識と司法の諸相」（台湾学会報：二〇二〇年）

「司法官試補及辯護士ノ資格ニ關スル法律」（昭和十二年法律第八三号）

「中華民国訓政時期約法第八条（和訳）」(https://uplord.wikimedia.org/wikipedia/cimmons/0/08/T5 nabook11img4.pdf)

王育霖（おう・いくりん）

王育霖検察官は、幼い頃から大志を抱き、「正しく！強く！そしてすべての人を幸福に！」という自らの信条を具現化しようとした。育霖は台北高等学校文科を首席で卒業すると、東京帝国大学法学部法律学科に合格、そして京都地方裁判所検事局へ配属となり、日本初の台湾人検察官の第一歩を踏み出した。大戦後、育霖は台湾へ戻り、新竹市で検察官に就任。中国出身の新市長・郭紹宗陸軍少将の汚職事件を調査しようとしたところ、台北の上層部から手を引くよう命じられた。育霖は職を失うことを覚悟しながらも調査を続けたが、最終的に辞職に追い込まれた。育霖は、権力を恐れず、利による誘いに乗らず、法律を堅持し、汚職官吏を厳罰に処し、正義を守った。まさに尊敬に値する「公正無私の検察官」であった。

その後、育霖は台北に移り、新聞『民報』に社説や法律評論を寄稿した。本書に「法治国とは何か？」、「法律は打ち負かされることはない」、「新聞社責任者の法律責任」の三篇の評論が収録されている。育霖は「台湾省司法会議」の開催を呼びかけ、混乱した台湾の司法について検討、同時に『提審法解説（提審法の手続き）』を執筆し、その中で憲兵、警察官は、濫《みだ》りに被疑者を二四時間以上拘禁してはならないと強調した。このように王検察官は積極的に司法改革を推進していたため、中国国民党にとっては目障りな存在となり、二・二八事件に乗じて、国民党は育霖を殺害し、遺体を隠匿した。

李登輝・元総統は、京都帝国大学で学んでいた際、育霖夫婦に面倒をみてもらったことがあった。また、王育霖が延平学院で教鞭を執っていた際には、李総統も同校で助教を務めていた。一九九四年三月六日、李総統は、王育霖夫人・陳仙槎のもとを訪れ、「王検察官は公正な人柄で、正義を守り、汚職や法律違反を厳しく追及した。特権を恐れず勇敢に戦った彼の姿勢を高く評価する。しかしながら、不幸にも犠牲となってしまった」と育霖の偉業を称えた。

育霖は文章や詩を書くことも好きだった。紙幅の都合で日本語版には『明日を期する者』のみ収録したが、同作品は、育霖が肺結核を患い一年間休学せざるなかったことや、母が他界してまもなく誰も育霖に関心を払ってくれなかったなかでの心境の変化について、ありのままに描写している。育霖は失望の中にあって、「世の中のあらゆる蔑視、嫉妬、非情さについては顧みない。あるのは、光り輝く未来を期待することだけだ」と心に固く誓い、その後の人生を歩んだ。

［編著者］王克雄（おう・かつお／Kenneth Wang）

台湾人。王育霖の長男。終戦直前の一九四四年六月、日本・京都で生まれる。当時、父の育霖は京都地方裁判所検事局に勤務していたが、終戦後、家族全員で台湾に引き揚げた。克雄は国立台湾大学電機学科を卒業後、アメリカへ留学し、電気工学の博士号を取得。海外在住ながら台湾の民主主義、自由、独立運動に非常に強い関心を寄せ、社団法人台湾人権促進会に参加、美麗島事件で拘束された活動家の救援サポート行なったほか、米サンディエゴでは複数の後援会で会長を務め、陳水扁・元総統、蔡英文・前総統と頼清徳・現総統の総統選、李応元・立法委員の選挙戦では支援活動を展開した。また、重要な選挙のたびに海外後援会に参加、帰国して選挙支援を行なった。このほか、「海外二二八遺族返郷団」の団長を務め、台湾政府に二・二八虐殺事件の真相追求、賠償、祈念を求めた。また、「アメリカ台湾研究院」の創設に加え、台湾人公共事務会（ＦＡＰＡ）の支部会会長、サンディエゴ台湾商会創会会長、サンディエゴ台湾センター董事長、アメリカ西部台湾人サマーコンファレンス理事長、台湾独立連盟アメリカ本部中央委員なども歴任した。新聞やウェブサイトへ評論を頻繁に投稿し、二・二八虐殺事件の真相究明と責任追及に全精力を傾注している。これまでに、中国語の著作『明日を期する者（原題：期待明天的人―二二八消失的検察官王育霖）』と『悲憤の念を力に―二・二八事件遺族の奮闘（原題：化悲憤為力量：一個二二八遺屬的奮鬥）』の二作品を出版した。

［訳者］駒田 英（こまだ・えい）

一九七六年、東京都出身。日本大学芸術学部文芸学科卒業後、サラリーマン生活を経て台湾へ留学。輔仁大学跨文化研究所翻譯学修士コース修了後、台湾国際放送に就職。記者やパーソナリティを務める傍ら、台湾野球を日本に紹介する書籍、記事の執筆や、台湾の観光、歴史、スポーツ等に関する翻訳に従事。

正義に生きた台湾人検察官
—二・二八虐殺事件と王育霖《おういくりん》—

2024年８月20日　印刷
2024年９月５日　発行

編著者　王　克雄
訳　者　駒田　英
発行者　奈須田若仁
発行所　並木書房
〒170-0002東京都豊島区巣鴨2-4-2-501
電話(03)6903-4366　fax(03)6903-4368
http://www.namiki-shobo.co.jp
印刷製本　モリモト印刷
ISBN978-4-89063-451-4